Tanja Ratsch

Mediterranes Flair
auf Balkon und Terrasse

86 Farbfotos
13 Zeichnungen

Verlag Eugen Ulmer
Österreichischer Agrarverlag

Vorwort

Sommerzeit – Ferienzeit. Neben dem Rauschen des Meeres und dem Prickeln der Sonnenstrahlen auf unserer Haut prägen sich die mediterranen Pflanzen mit ihren Düften und Blüten in unser Gedächtnis ein. Damit diese Urlaubserinnerung zu Hause nicht allzu schnell verblasst, halten immer mehr mediterrane Pflanzen Einzug in unsere Gärten. Da sie meist frostempfindlich sind, werden sie in dekorativen Pflanzgefäßen kultiviert. Auf diese Weise kann man die mediterranen Schönheiten während der kalten Jahreszeit in das Haus, in den Wintergarten oder in das Gewächshaus holen. Im Gegensatz zu den einjährigen Balkonblumen sind Arten, die unter dem Begriff Kübelpflanzen zusammengefasst werden, ausdauernde Gewächse und begleiten uns Sommer für Sommer.
Mit dem Wort „mediterran" verbindet man vor allem den Mittelmeerraum mit Ländern wie Italien, Spanien, Frankreich, Griechenland, Tunesien oder Marokko. Der Botaniker versteht darunter ein Florengebiet mit speziellen Klimabedingungen, die nicht nur rund um das Mittelmeer, sondern in ähnlicher Form ebenso in Australien, Südafrika, Süd- und Mittelamerika oder Ostasien vorkommen. Deshalb stammen viele „mediterrrane" Kübelpflanzen gar nicht aus dem Mittel-

meergebiet, sondern aus aller Welt – doch das macht sie umso faszinierender.
In diesem Buch erhalten Sie stimmungsvolle Ideen, wie Sie mit den schönsten mediterranen Kübelpflanzen Balkon und Terrasse in ein blühendes und grünendes Urlaubsparadies direkt vor Ihrer Wohnzimmertür verwandeln können.

Dipl.-Ing. Tanja Ratsch
Ulm, im Frühjahr 2002

Inhalt

Südländischer Charme

auf Balkonien

Bevor die Pflanzen Einzug auf
Balkon und Terrasse halten, sorgen
Beläge, Mauern und Pergolen für
den passenden Rahmen. Nehmen
Sie sich Zeit für die Auswahl der
Pflanzgefäße, Möbel und Accessoi-
res, damit sie gemeinsam mit den
Pflanzen ein harmonisches Bild
ergeben.

Bauen wie in Italien

Es sind nicht die Pflanzen allein, die eine mediterrane Atmosphäre schaffen. Natürliche Baumaterialien bestimmen das Bild italienischer Dörfer. Nicht nur die Häuser sind aus grob behauenen Steinen errichtet, auch in den Gärten treffen wir allenthalben auf kleine Natursteinmauern, hölzerne Pergolen und kleine Brunnen. Verwenden Sie deshalb auch auf Ihrer mediterranen Terrasse natürliche oder naturnahe Materialien.

Verspielte, abwechslungsreiche Wegebeläge entsprechen der Leichtigkeit des südländischen Stils.

Gut aufgelegt

Terrakotta-Fliesen sind das i-Tüpfelchen für jede Mittelmeer-Terrasse. Doch auch Ziegelsteine oder rostrote Betonsteine mit gebrochenen Rändern (gerumpelte Steine) sind geeignet, um die warme, mediterrane Stimmung einzufangen. Dabei entsprechen Materialwechsel und verspielte Verlegemuster dem mediterranen Stil weit mehr als einheitliche Beläge. In den Fugen siedeln sich rasch kleine Steingarten- und Polsterpflanzen an. Lassen Sie diese gewähren, denn ein bisschen Nachlässigkeit macht den Charme des Mediterranen aus.

Achten Sie jedoch beim Verlegen darauf, dass auch Materialgemische im Sitzplatzbereich möglichst eben sind. Idee: Gießen Sie bunte Betonplatten selbst. Dazu zimmert man einen Holzrahmen und gießt ihn mit zähflüssigem Beton aus. Solange die Oberfläche noch nicht ausgehärtet ist, drücken Sie verschieden farbige Kieselsteine, Fliesenstückchen, Muscheln und andere Fundstücke in individuellen Mustern und Bildern hinein.

Alte, graue Betonplatten kaschiert man mit Kies, der in einer 8 bis 10 cm dicken Schicht aufgetragen wird (Körnung 0/16 mm). Die Terrassenränder werden mit Kantensteinen dementsprechend erhöht. So wird aus einer unansehnlichen Terrasse rasch eine beim Laufen knirschender Platz, der Helligkeit und Wärme ausstrahlt.

Lebenselexier Wasser

Wasser als Gestaltungselement sollte auf keiner südländischen Terrasse fehlen. Eine einfache Möglichkeit ist ein großes Holzfass, in dessen Mitte eine Springbrunnen-Pumpe aufgestellt wird. Um sie zu kaschieren, schichtet man Steinbrocken oder große Kiesel um sie herum, bis das Rohr der Pumpe nur noch etwa 1 cm darüber hinausschaut. Eine Steckdose für den Stromanschluss ist rasch gefunden. Alternativ setzen Sie eine solarbetriebene Pumpe ein, die das Wasser zum Plätschern bringt. Vielleicht haben Sie auch die Möglichkeit, statt des aufgestellten Holzfasses ein Kunststoffbecken in den Terrassenbelag zu integrieren.

Sehr stilvoll sind betonierte oder gemauerte Wasserbecken im Zentrum einer größeren Terrasse, deren Wände mit Natursteinen oder buntem Kachelmosaik geschmückt sind. Lassen Sie das Becken unbepflanzt, um das Muster und die ruhige Wasserfläche für sich wirken zu lassen.

Mauern im neuen Gewand

Weiße Hauswände sind für den Mittelmeerraum typisch. Für den mediterranen "Look" daheim können Sie die Hauswände im Terrassenbereich rau verputzen und weiß tünchen. Bringen Sie aus dem Urlaub Fliesenstücke mit (z.B. portugiesische Wandfliesen, italienische Tonfresken), die Sie in den Putz einsetzen lassen.

Natur- und Bruchsteine laden ein zu fantasievollen Stütz- und Sitzmauern.

Witzig und individuell wirkt gemischter Fliesenbruch vom nächsten Baustoffhandel, den Sie bunt durcheinander oder zu einem Motiv geordnet aufbringen.

Unter grünem Himmel

Berankte Kletterwände und Pergolen geben der Terrasse einen klaren Rahmen und bieten Schutz vor unerwünschten Einblicken. Der Charme von Holzelementen entfaltet sich erst mit den Jahren, wenn sie die Makellosigkeit des Neuen verloren haben – auch wenn man sie im Rhythmus von drei bis fünf Jahren zum Schutz des Holzes neu streichen sollte. Dunkle Hölzer bringen die Blüten der empor rankenden Kletterpflanzen so richtig zum Leuchten. Auf Balkonen empfiehlt es sich, Baukastensysteme aus Holz einzusetzen, bei denen die Rankelemente auf standsicheren Pflanzkästen fußen. Wählen Sie hier nicht zu starkwüchsige Kletterpflanzen zur Berankung aus.

BITTE NEHMEN SIE PLATZ

Die Wahl der Möbel können Sie bei einer mediterranen Gestaltung Ihrem individuellen Geschmack überlassen. Entscheidend ist, dass die Sitzmöbel bequem sind und Ihnen für viele Stunden einen Ort bieten, an dem Sie sich zum Lesen, Plaudern oder für ein Nickerchen niederlassen können. Eine Hängematte ist dabei für Jung und Alt ebenso willkommen wie ein gemütlicher Rattan-Sessel. Balkonbesitzer sollten die Statik berücksichtigen. Muten Sie vor allem älteren Häusern nicht zu viel Gewicht zu. Sitzbänke aus Stein oder Marmor sind meist nur etwas für Bodenterrassen, nicht aber für Dachterrassen.

Metall: Verspielt und leicht

Im mediterranen Raum sehr beliebt sind schmiede- und gusseiserne Möbel in filigranem Design und verspielten Blüten- und Blattmotiven, bei denen ein Anflug von Rost als Patina willkommen ist. Der Leichtigkeit des südländischen Lebens entsprechen in Pastell oder anderen sanften Farben lackierte Metalltische, wie man sie in Frankreich oft antrifft. Eine Polsterauflage verhindert, dass sich Sitzflächen in der Sonne zu stark aufheizen oder in den Frühlings- und Herbstmonaten zu kühl sind. Achten Sie bei den Stoffen auf gute Qualität, damit sie in der Sonne nicht ausbleichen oder bei einem überraschenden Sommerregen gleich fleckig werden. Prak-

tisch vor allem bei sehr hellen Stoffen sind abnehm- und waschbare Bezüge. Sie lassen sich auch leichter austauschen, wenn sie zerschlissen sind. Besonders hübsch sieht es aus, wenn Sie Kissen, Tischdecken, Sonnenschirme und andere Stoffe in den gleichen oder miteinander gut harmonierenden Farben aussuchen. Sehr beliebt sind Textilien mit aufgedruckten Zitrus-Motiven.

Holz: Wohlige Wärme

Holzmöbel sind naturbelassen oder in Farbe lackiert ebenso geeignet, die Wärme und Geborgenheit eines mediterranen Balkons zu unterstreichen. Achten Sie darauf, dass sie vom Design her nicht englischen Vorbildern nachempfunden sind, da dies eher dem Landhaustil als dem mediterranen „Look" entspricht. Als umweltbewusster Gärtner sollten Sie bei der Auswahl Ihrer Gartenmöbel auf das FSC-Zertifikat achten, das nur an Produkte vergeben wird, deren Hölzer aus schonendem Plantagenanbau stammen. Ganz sicher gehen Sie bei Möbeln aus Robinienholz, die auch in Europa wachsen und die der Haltbarkeit von tropischen Teakhölzern in

Mosaik-Tische: Viele Teile ergeben ein Ganzes

Zu erschwinglichen Preisen werden heute Mosaiktische in allen erdenklichen Formen und Farben angeboten, die mit dem kühlen Glanz ihrer Fliesenstücke auch an heißesten Sommertagen für Frische sorgen. Sie sind sehr langlebig und bringen einen Hauch von Marokko, Tunesien und Orient auf Balkon und Terrasse. Mit etwas handwerklichem Geschick können Sie diese Tische selbst anfertigen. Dazu brauchen Sie einen stabilen Metalltisch mit hohem Rand und Mosaikfliesen oder Fliesen-Bruchstücke. Haben Sie sich für ein zügiges Verlegen zuvor das Motiv aufskizziert, können Sie die gesamte Fläche mit Fliesenkleber bestreichen, die Stückchen darauf verteilen und jeweils leicht eindrücken. Am nächsten Tag verteilen Sie Fugenkleber mit festem Strich über die Fliesenstückchen, damit sich die Fugen füllen. Den Überschuss wischen Sie mit einem feuchten Schwamm ab.

nichts nachstehen. Am größten ist der Beitrag zum Umweltschutz bei neuartigen Recycling-Möbeln aus geschreddertem Kunststoff: Bei hochwertigen Produkten ist das Holz-Imitat so perfekt, dass man erst beim Anfassen die Täuschung bemerkt.

Bambus und Rattan: Natürlich bequem

Eine Alternative zu Holz sind Sitzmöbel aus Bambus und Rattan, wobei Sie wie bei den Tropenhölzern auf die Herkunft und den zertifizierten Anbau achten sollten. Die beiden Materialien wirken inmitten mediterraner Kübelpflanzen ebenso einladend wie dekorativ. Dabei variiert das Formenspektrum von leichtbeschwingt bis hin zu kompakt-behäbig. Wählen Sie je nach Sitzkomfort, vorhandenem Platz und dem Stil Ihrer übrigen Einrichtung das passende Modell aus.

Pflanzgefäße: Für jeden Zweck den passenden Topf

Die Auswahl an Pflanzgefäßen ist riesengroß. Aus Holz, Kunststoff, Ton, Keramik, Stein, Beton und diversen Metallen von Aluminium über Blech

Die Form

Amphoren, Vasen oder Kelche sehen zwar wunderschön aus, eignen sich jedoch nur bedingt als Pflanzgefäße. Verengt sich das Gefäß nach oben, sind die Pflanzen auf Ewig an diesen Topf gefesselt, denn ihre Wurzeln lassen sich nicht mehr herausziehen und umtopfen. Oft haben die Gefäße

Federleicht und doch unzerbrechlich: Kunststoff-Töpfe gibt es im Terrakotta-Look und in vielen anderen Farben.

Haben am Boden nicht mehr alle Pflanzenschätze Platz, weicht man kurzerhand auf die Wände aus. In hängenden Pflanzgefäßen fühlen sich Pelargonien ebenso wohl wie kleine Kräuter und Sommerblumen.

bis Gusseisen werben sie um die Gunst der Balkon- und Terrassenbesitzer. Doch welches Material ist das Richtige? Welcher Topf passt zu mir und meinen Pflanzen?

keine Abzugslöcher im Boden und sind bei lang anhaltenden Regenfällen wahre Wasserfallen. Den Bauch einer Amphore füllt man deshalb nicht mit Erde, sondern mit Sand oder Kies auf, der besser drainiert und eine höhere Standfestigkeit gibt. Zur Bepflanzung setzt man die Pflanzen nicht direkt ein, sondern hängt sie mitsamt ihres Plastikgefäßes am Amphorenrand ein.

Pflanzgefäße, die von oben nach unten schmaler werden, erleichtern dagegen das Umtopfen, da sich der Wurzelballen leicht herausziehen lässt. Gleichzeitig sollte jedoch die Standfläche nicht zu klein sein. Töpfe, deren Boden nur halb so groß ist wie die Öffnung, fallen leicht um. Rechteckige Gefäße mit geraden Wänden haben dagegen eine sehr hohe Standfestigkeit. Da die Mehrzahl der Kübelpflanzen ein tief reichendes Wurzelwerk ausbildet, sind hohe Pflanzgefäße Schalen oder niedrigen Formen vorzuziehen.

Die Größe

Pflanze und Topf sollten in einem harmonischen Größenverhältnis zueinander stehen. In einem riesigen Topf verliert sich eine kleine Pflanze und sieht kümmerlich aus. Ein kräftiges Hochstämmchen wirkt in einem schmalen Topf dagegen viel zu mächtig. Schon die leichteste Windböe kann es umwerfen.

Während eine Gestaltung mit gleich großen Töpfen sehr edel und ruhig wirkt, bringt eine Mischung unterschiedlichster Topfgrößen Leben auf jeden Balkon.

Kleine Töpfe trocknen deutlich schneller aus als große. Dennoch sollte man den Pflanzen nicht zu viel Wurzelraum gewähren. Undurchwurzelte Erde birgt eine erhöhte Trockenheits- oder Staunässegefahr; Nährstoffe werden schneller ausgewaschen. Die Pflanzen stecken den Großteil ihrer Energie in die Bildung neuer Wurzeln und infolgedessen größerer Kronen. Die Blüten- und Fruchtbildung aber bleibt auf der

Strecke. Als Faustregel gilt deshalb, dass man beim Umtopfen gut durchwurzelter Pflanzen Gefäße wählt, deren Durchmesser nicht mehr als 5 bis 10 cm größer ist als der alte Topf. Eine Alternative, um das Austrocknen kleiner Töpfe zu verhindern, ist das Zusammenstellen zu mehreren in größere Übertöpfe oder Schalen, die einen kleinen Wasservorrat fassen.

TIPP

Werfen Sie beschädigte Pflanzgefäße nicht weg. Auch unbepflanzt werden sie zu attraktiven Schmuckstücken, die sich in Szene setzen lassen, wenn man die Schadstelle nach hinten dreht oder zwischen Blättern versteckt.

Einen besseren Wasserabzug gewährleisten Tonfüße (mindestens drei pro Topf) oder untergelegte Ziegelsteine. Sie verhindern auch, dass die Töpfe auf dem Terrassenbelag Ränder hinterlassen und bewirken, dass sich keine Asseln und Ameisen unter den Töpfen verstecken können.

Das Material

Kein Material ist perfekt, obwohl natürlich Ton und Terrakotta für eine mediterrane Terrasse unzweifelhaft die Nr. 1 sind. Für jeden Standort und jedes Ziel gelten eigene Kriterien, die gegeneinander abgewogen werden müssen. Neben den „klassischen" Topfmaterialien eignen sich auch viele Haushaltsgegenstände als

*Holzfässer mit oder ohne Plastik-
einsatz eignen sich bestens, um
Schwimmpflanzen wie den Wasser-
salat auf Balkon und Terrasse zu
holen.*

Pflanzgefäß. Im Mittelmeer ist es beliebt, Kräuter in ausgediente Blech-
kanister zu setzen, in denen zuvor
fünf oder zehn Liter Olivenöl aufbe-
wahrt wurden. Mit ihrem farbigen
Aufdruck sind sie drei bis vier Jahre
ein bunter Schmuck, bevor sie durch-
rosten. Alte Waschzuber aus Zink

TIPP

Gehen Sie am Wochenende auf Schatz-
suche auf den örtlichen Flohmärkten:
Sie sind wahre Fundgruben für ausge-
fallene Pflanzgefäße.

oder ausgediente Schubkarren werden zu geräumigen Pflanzwannen,
wenn man in den Boden einige Löcher für den Wasserabzug bohrt.
Denn der muss sein – egal bei wel-
chem Gefäß, sonst leiden die Pflanzen rasch unter Staunässe. Das Spek-
trum reicht dann von ausgedienten
Wein-, Whiskey- oder Sauerkrautfäs-
sern über steinerne Viehtränken bis
hin zu ausrangierten Kochtöpfen und
Pfannen.

Die Qualität

Die Preisunterschiede zwischen den
verschiedenen Pflanzgefäßen sind
enorm. Handgearbeitete Tonwaren
liegen an der Spitze, wie die kunst-
voll gearbeitete und langlebige Im-
pruneta-Terrakotta aus der Toskana
(Region Florenz), die mit einem
Stempel gekennzeichnet ist und den
unverwechselbaren weißen Schimmer
trägt (Kalk-Patina). Jeder Topf wird
durch kleine Unebenheiten und „Feh-
ler" zu einem Unikat. Maschinell ge-
fertigte Tonwaren sind dagegen glatt
und weitgehend makellos. Die Mas-
senfertigung erlaubt deutlich niedri-
gere Preise. Vorsicht ist geboten bei
Imitaten. Vor allem aus den asiatischen Ländern werden Nachahmun-
gen italienischer Terrakotta impor-
tiert, die meist deutlich dünnwandi-
ger und damit bruchempfindlicher
sind als die schweren, stabilen Origi-
nale. Lässt man sie im Winter draußen, sind oft Frostrisse die Folge. Für
die reine Sommerterrasse sind sie

hingegen völlig ausreichend.
Prüfen Sie vor dem Kauf mit der
Klopfprobe, ob die Gefäße unbeschä-
digt sind: Schlagen Sie mit den Fin-
gerknöcheln kurz auf die Topfwand
und lauschen Sie dem Klang.
Schwingt der Ton lange nach, ist der
Topf in Ordnung. Bricht der Klang
sofort ab, lässt dies auf Risse schließen. Vergleichen Sie nur Töpfe
gleicher Machart, denn je nach Ver-
arbeitung ist der Klang sehr unter-
schiedlich und somit nicht mehr ver-
gleichbar.

Die Farbe

Bei der Farbgebung ist fast alles erlaubt, so lange es zu den Pflanzen
und der übrigen Gestaltung passt:
Der warme Ton von Holzgefäßen,
das Blau lasierter Töpfe oder das
Grau von Steintrögen. Haben Sie
Mut zu kräftigen Farben: Diese Farbtupfer bringen eine willkommene
Abwechslung und kommen dem
„Laisser-faire"-Charakter einer mediterranen Gestaltung entgegen. Achtung: Schwarze und metallene Töpfe
können sich bei Sonneneinstrahlung
stark aufheizen. Verwenden Sie sie
deshalb an Sonnenplätzen nur als
Übertöpfe. Schwarze Plastik-Contai-
ner, in denen die Pflanzen im Fachhandel meist verkauft werden, sollten
Sie so platzieren, dass sie von den
Pflanzen selbst beschattet sind.

*Tontöpfe bieten mit ihren unerschöpflichen
Formenvielfalt für jeden Geschmack und jeden
Geldbeutel das Richtige.*

*Lasierte Asia-Terrakotta schimmert in ebenso
vielen Facetten wie das Mittelmeer in der
Sommersonne.*

ACCESSOIRES: AUFS DETAIL KOMMT ES AN

Obwohl die Baulichkeiten, die Pflanzen, Töpfe und das Mobiliar auf den ersten Blick die Hauptrolle auf mediterranen Balkonen und Terrassen spielen, sind es oftmals die Details, die das Bild erst perfekt machen.

Wasser- und Windspiele

Auf mediterranen Balkonen und Terrassen sind alle Spielarten von Wasser willkommen – aber leider lassen die Platzverhältnisse und die Baukonstruktion von Balkonen oft keine aufwändigen Wasserbecken zu. Hier gibt es dekorative Alternativen: Bepflanzte Zimmerspringbrunnen in der Keramikschale oder Wasserspeier an der Wand sorgen für stetes Geplätscher und Luftbefeuchtung. Eine persönliche Note zaubern selber gebastelte Wandbrunnen: Aus kurzen Stücken verzinkter Dachrinnen, halbierter Bambusrohre oder Kupferrinnen, die übereinander gestaffelt an der Wand befestigt werden, lassen sich kaskadenartig herablaufende Wasserspiele konstruieren. Über ein Auffangbecken am Wandfuß mit Pumpe und ein Steigrohr wird der Wasserkreislauf geschlossen. Die Blätter einer immergrünen Kletterpflanze (z. B. Efeu) kaschieren das Steigrohr.

Windspiele mit klingenden Holz- oder Metallröhren begleiten die Geräusche des Wassers, sobald der Wind die Klanghölzer bewegt. Man kann sie leicht aus verschieden langen Alu- oder Bambusröhren und einem Kieselstein als Klöppel in der Mitte selber basteln.

Licht

Viele Menschen kommen erst während der Abendstunden dazu, Ihre Mittelmeer-Oase zu Hause zu genießen, die dann stimmungsvoll beleuchtet sein sollte. Kerzen schaffen dabei nicht nur eine besonders heimelige Atmosphäre – mit den entsprechenden Duftstoffen versehen, halten sie Mücken fern. Praktisch und zugleich dekorativ sind Windlichte, die auch bei leichter Brise dafür sorgen, dass die Kerzen nicht verlöschen. Mit Fensterfarbe bemalt, werfen die Glasscheiben gleichzeitig schöne Lichteffekte an die Wand. Bunte Lampions bringen mediterrane Fröhlichkeit auf Balkon und Terrasse. Mit ausrangierten Lampenschirmen und verschiedenfarbigem Seidenpapier können Sie eigene fantasievolle Modelle basteln.

In den Boden eingelassene Leuchten zaubern eine gemütliche Atmosphäre, wohingegen Punktstrahler sowohl Pflanzen zur Geltung kommen lassen als auch „Stolperfallen" wie Stufen und Absätze hervorheben.

Figuren

Ob aus Terrakotta, Gips oder Stein – Darstellungen griechischer oder römischer Götter, Löwen und andere Tierfiguren sollten auch in Ihrer Urlaubsoase nicht fehlen. Selbst wenn Sie beim Einkaufsbummel ein Objekt sofort in Ihr Herz schließen – die schönste Figur

Viele Figuren werden umso schöner, je mehr der Zahn der Zeit an ihnen nagt. Damit sich rascher eine grüne Patina für ein „antikes Outfit" ablagert, streicht man Tonfiguren wiederholt mit Joghurt oder Buttermilch ein. Vor allem an luftfeuchten, schattigen Plätzen stellen sich so Algen und Moose ein.

verfehlt ihre Wirkung, wenn sie nicht ins Gesamtbild passt. Sie darf nicht zu groß und dominant, aber auch nicht zu klein und „unwichtig" sein. An jedem Platz ist die Wirkung anders, probieren Sie verschiedene Standorte aus. Einfach hat man es mit kleinen Deko-Elementen wie Glaskugeln oder Windrädern, die man an einem Holzstab in die Erde steckt. Sie finden überall einen Platz und lassen sich immer wieder neu arrangieren.

Etagèren

Bei jedem Pflanzenfan ist es irgendwann so weit: Der Platz fehlt, um alle Pflanzenschätze unterzubringen. Greifen Sie dann zu gusseisernen Etagèren, die auf mehreren Ebenen Stellflächen für Ihre Pflanzen bieten. Auch Leitern mit breiter Trittfläche oder übereinandergestapelte Weinkisten sorgen für neue Stellflächen. Ein alter Stuhl kommt als wirkungsvoller Stellplatz rasch zu neuen Ehren.

Steinerne Schätze

Suchen Sie beim Spaziergang Gesteinsbrocken mit markanten Mustern oder Formen, die zwischen den Töpfen am Boden zu Hinguckern werden. Bedeckt man mit ihnen die Topferde, tut man nicht nur dem Auge, sondern auch den Pflanzen etwas Gutes, denn sie reduzieren die Verdunstung und wärmen die Wurzeln. Ebenfalls dekorativ sieht es aus, wenn man blanke Erde mit Murmeln, Muscheln, knorrigen Ästen oder leeren Schneckenhäusern kaschiert.

Neben Pinienzapfen sind Kugeln aus Stein oder Ton in mediterranen Gefilden ebenso beliebt. Am schönsten wirken sie als Trio in verschiedenen Größen. Kleinere Exemplare dieser Kugeln kann man mit zwei ausgehöhlten Styroporhälften, Beton und rotem Ziegelstaub selbst herstellen.

Mücken, verduftet!

Gegen die Mückenplage beim Genuss des lauen Sommerabends auf Balkonien helfen zahlreiche ätherische Öle, wie Lorbeer, Citronella, Nelke, Eukalyptus, Rosengeranie, Zimt oder Lavendel. Besonders wirksam sind Mischungen daraus, die es auch fertig zu kaufen gibt.

Besonders praktisch sind kleine Tonkegel oder -kugeln, die innen hohl sind. In die Öffnung träufelt man etwa zehn Tropfen der ätherischen Öle. Sie dringen in die Tonporen ein und diffundieren nach außen, ohne dass der Ton von außen fleckig und unansehnlich wird. Der Trick ist, dass man sie nicht wie Kerzen auf den Tisch stellt, sondern in die Blumentöpfe am Boden oder unter den Tisch – denn wer kennt nicht das Problem, dass trotz Duft-Kerzen die Fußknöchel zerstochen sind?!

gewusst wie Schön gestalten

Allgemein gültige Regeln helfen dabei, zu einer gelungenen Gestaltung
zu finden, die Sie selbst ebenso zu
begeistern vermag wie Ihre Gäste.
Zwar sind Gefallen und Nicht-Gefal-
len sehr oft eine Geschmacksfrage.
Die Kunst besteht jedoch darin,
eine wirkungsvolle mediterrane
Stimmung zu erzeugen und dabei
auch die Bedürfnisse der Pflanzen
zu berücksichtigen.

Das Einzelne zu einem Gesamtbild zusammenfügen

Ein wirkungsvolles Arrangement erfordert etwas Fingerspitzengefühl: Hat man lauter Solisten, von denen zwar jeder für sich die Blicke auf sich zu ziehen vermag, die aber gemeinsam kein einheitliches Bild ergeben, misslingt die Gestaltung. „Diener" (Begleitpflanzen) und „Herren" (Leitpflanzen) sind deshalb zunächst gleichberechtigt. Während man jedoch von den Leitpflanzen nur einige braucht, treten die Begleitpflanzen in größerer Zahl auf. Auf was Sie bei der Zusammenstellung achten sollten, lesen Sie hier.

Ein bisschen Patina muss sein

Beim Urlaub in den Mittelmeerländern fasziniert uns der Hauch von Verfall und Alter, der die Gebäude ebenso überzieht wie die Gärten. Von den Tontöpfen sind schon einige Ornamente abgeplatzt, die Kräuter stehen in ausgedienten und völlig verrosteten Olivenöl-Kanistern und der Weg aus Terrakotta-Fliesen ist

Pflanzenverteilung auf Balkon und Terrasse

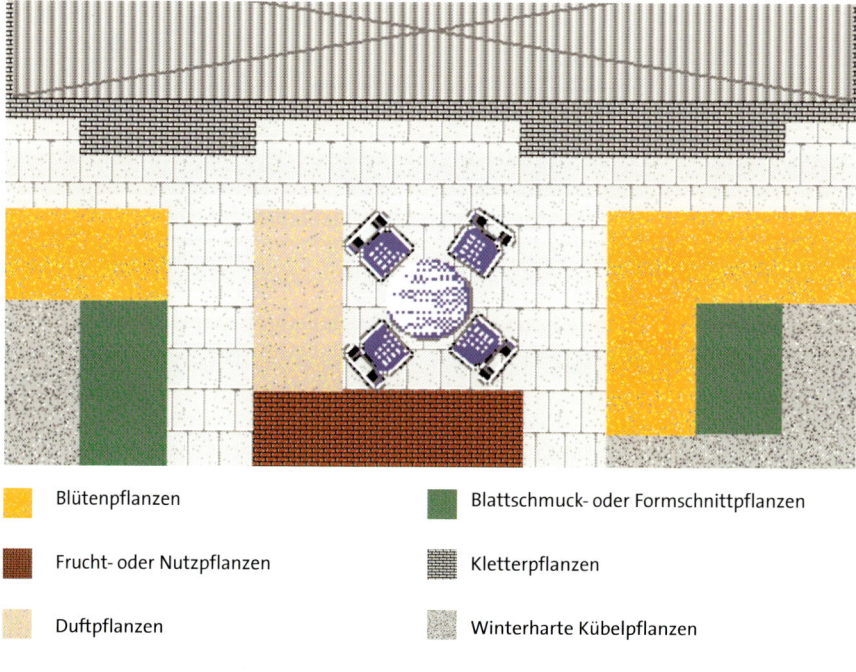

▮ Blütenpflanzen	▮ Blattschmuck- oder Formschnittpflanzen
▮ Frucht- oder Nutzpflanzen	▓ Kletterpflanzen
▮ Duftpflanzen	▒ Winterharte Kübelpflanzen

Wer auf eine bunte Mischung aus Büschen, Bäumen, Halbstämmen und Stauden setzt, sorgt für Vielfalt und Abwechslung auf Balkon und Terrasse auf kleinstem Raum.

ebenso uneben, wie die steinernen Trittstufen ausgetreten sind. Die Architektur unserer Wohnhäuser lässt diese Patina leider oft nur bedingt zu. Im Kleinen kann man jedoch auch bei uns für den Charme der Nachlässigkeit sorgen, wenn man von den Tontöpfen nicht jeden Herbst den grünen Belag schrubbt, ein altes und rostiges Eisenregal in der Ecke stehen lässt oder die frischen Kräuter vom Balkon mit einem alten Weidenkorb erntet. Gebrauchte Amphoren oder Statuen, denen die Jahre schon die ein oder andere Blessur beigebracht haben, vermitteln ebenfalls den südländischen Stil.

Stelldichein von Groß und Klein

Bei der Pflanzenauswahl sind die Wuchsform und Höhe entscheidend. Die Grundregel lautet: Große nach hinten, Kleine nach vorne. Arrangieren Sie die Pflanzen je nach verfügbarem Platz ein- oder mehrreihig nach ihrer Höhe. Hochstämmchen (Kronenbäumchen) und Kletterpflanzen sind prädestiniert für die hinterste Reihe. Einige schlanke Bäume, die mit ihren Kronen den Sitzplatz beschatten, gesellen sich gerne dazu. Davor finden kompakte Blütensträucher ihren Platz. Die vorderste Linie bleibt den kleineren Duftsträuchern vorbehalten, damit sie ihr Aroma in unmittelbarer Sitzplatznähe entfalten können (siehe Seite 18). Auch Zwiebelblumen (siehe Seite 82) gebührt ein Platz im Vordergrund, damit ihre wunderschönen, aber oftmals niedrigen Blüten optimal zur Geltung kommen.

Doch bei allem gilt: Beschränken Sie die Anzahl an Pflanzen. Auf Ihrem Balkon oder der Terrasse muss für Sie selbst immer noch genügend Platz sein. Sie sollten sich frei bewegen können und sich nicht zwischen unzähligen Töpfen hindurch schlängeln müssen. Und auch die Pflanzen brauchen genügend Freiraum. Die Kronen sollten sich nicht berühren, damit sie von allen Seiten Licht erhalten und nicht einseitig verkahlen. So können sie sich natürlicherweise zu voller Schönheit entfalten.

Blüten-Staffeln

Vor allem, wenn Sie nur wenig Platz zur Verfügung haben, sollte die Pflanzen-Zusammenstellung garantieren, dass den ganzen Sommer über immer etwas blüht oder Blattschmuckpflanzen zu Hinguckern werden. Neben Dauerblühern wie dem Wandelröschen (*Lantana*) liegt das Augenmerk deshalb besonders auf den sehr früh blühenden und den noch spät im Herbst blühenden Arten, zu denen der Mönchspfeffer (*Vitex*), der Trompetenwein (*Podranea*) oder die Prinzessinnenblume (*Tibouchina*) zählen. Dabei ist es während der Saison durchaus erlaubt, die Plätze zu tauschen. Rücken Sie voll erblühte Pflanzen in den Vordergrund, Abblühende nach hinten. Allerdings sollten die Standortbedingungen und die Pflanzenstaffelung beim Platztausch weitgehend gleich bleiben.

Der passende Rahmen

Beziehen Sie bei der Gestaltung die Umgebung Ihres Balkons oder Ihrer Terrasse ein. Schöne Ausblicke sollten erhalten bleiben, weniger schöne verstellt werden. Am besten kommen viele Blütenpflanzen vor einem einfarbigen Hintergrund zur Geltung. Dieser kann aus einer hölzernen oder weiß gestrichenen Holzwand oder aber aus dunkelgrünen Blattschmuckpflanzen (siehe Seite 75) oder Kletterpflanzen (siehe Seite 78) bestehen. Auch aufgespannte, wetterfeste Textilien oder aufgestellte Paravents versperren den Blick in die Ferne und halten ihn auf dem fest, was vor Ihren Augen blüht.

Wiederholen Sie sich ruhig

Damit Ruhe in allzu bunte Arrangements kommt, bietet es sich an, einige Pflanzen in Gruppen einzusetzen. Als Pulk von zwei bis vier Exemplaren bekommen vor allem kleine Pflanzen oder solche mit unscheinbaren Blüten mehr Gewicht. Auch größere Pflanzen setzt man gerne paarweise ein, entweder als „Eckpfeiler" oder um eine Torsituation zu symbolisieren. Besonders geeignet hierfür sind Blattschmuck- und Formschnittpflanzen wie Lorbeer (*Laurus*) und Liguster (*Ligustrum*), aber auch solche mit markanter Wuchsform wie die Zypresse (*Cupressus*).

Farblich gut abgestimmt

Nicht alle Blütenfarben harmonieren miteinander. Deshalb ist es vor allem bei gleichzeitig blühenden Pflanzen wichtig, die Farbtöne aufeinander abzustimmen. Dabei gibt es Farbkombinationen, die den mediterranen Charakter besonders betonen, zum Beispiel Zusammenstellungen mit „warmen" Orangetönen oder auch „kühle" Gestaltungen mit Blau und Weiß. Beziehen Sie in diese Farbspiele auch die Farben der Umge-

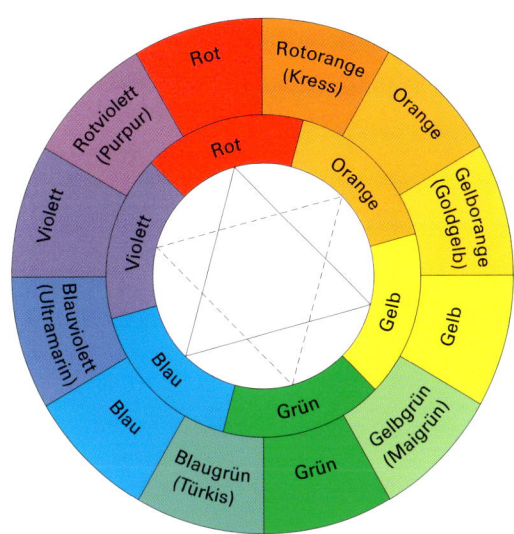

Mit dem Farbkreis wird deutlich, welche Farben benachbart sind oder sich gegenüber liegen und dementsprechend miteinander harmonieren. Sehr schön sind Dreiklänge, hier mit schwarzen Strichen eingetragen.

bung, wie Möbel, Wände, Fußböden, Übertöpfe und Accessoires ein. Mit ihnen können Sie ganz nach Geschmack und Laune Arrangements "Ton inTon" kreieren, aber auch kontrastreiche bis freche Akzente setzen. Gestaltungsbeispiele, Tipps zu Pflanzenarrangements nach Farbthemen und Pflegehinweise finden Sie auf den folgenden Seiten.

spielen Mit Farben

Mit Hilfe der Farbkraft mediterraner Blüten schaffen Sie Arrangements unterschiedlichster Wirkung: Sie können beruhigen oder Spannung erzeugen. Neben Hinweisen zur Wirkung und Zusammenstellung von Farben im Raum erfahren Sie Wichtiges zu Eigenschaften und Bedürfnissen ausgewählter Pflanzen, denn zu einer ansprechenden Gestaltung gehören auch prächtig gedeihende Pflanzen.

Orange: Die Farbkraft der Toskana

Kaum eine andere Farbe ist so eng mit unserem Bild von der Toskana verbunden wie Orange. Dachziegel, Fliesen, Töpfe und vieles mehr strahlen uns im Urlaub in diesem natürlichen Ton entgegen. Die Leuchtkraft orangefarbener Blüten kontrastiert zudem wunderschön zum dunkelgrünen Laub beliebter Kübelpflanzen. Da macht es fast gar nichts, dass Orange sich nur schwerlich andersfarbige Begleiter zur Seite stellen lässt. Allzu leicht kommt es zu Missstimmungen, wenn sich rosa- oder pinkfarbene Töne unter die Arrangements mischen.

Kombinationen mit Orange

Gut kombinierbar ist Orange hingegen mit **gelben** und **dunkelroten** Blüten, da diese Farben auch im Farbkreis eine gemeinsame Abfolge bilden (siehe Seite 21). Einige Pflanzen wie Wandelröschen (*Lantana*), Marmeladenbusch (*Streptosolen*) oder Seidenpflanze (*Asclepias*) zeigen diese Farbkombination sogar innerhalb ihrer Blüten. Auch **dunkelviolette** und **hellblaue** Töne lassen sich prima dazu arrangieren. Mit etwas Fingerspitzengefühl kommen vereinzelt **lachsfarbene** Hibiskus (*Hibiscus*)- oder Oleanderblüten (*Nerium*) zum Einsatz.

Passende Accessoires zu Orange

Zu orangefarbenen Blüten sind **rotbraune Terrakotta-Gefäße** geradezu Pflicht. Sie harmonieren perfekt mit den leuchtenden Blüten, denen sie ihren matten Ton entgegensetzen. Als Kontrastwirkung sind ebenso **dungrüne oder -blaue Pflanzgefäße** in lasierter oder matter Form denkbar. Keinesfalls fehlen sollte ein **Wasserbe-**

Linke Seite:
Hier geben sich Zitrone, Kapgeißblatt, Blauer Kartoffelstrauch, Petticoat-Palme, Keulenlilie und Prinzessinnenblume ein Stelldichein.

cken, dessen dunkle Tiefe neben all der Farbintensität als Ruhepol dient.

Orange blühende, ein- und zweijährige Sommerblumen als Begleiter:
Begonien (*Begonia*), Goldlack (*Erysimum*), Schlafmützchen (*Eschscholzia*), Gauklerblume (*Mimulus*), Elfenspiegel (*Nemesia*), Studentenblume (*Tagetes*), Kapuzinerkresse (*Tropaeolum*), Zinnie (*Zinnia*).

Orange blühende Pflanzen für Balkon und Terrasse

Löwenohr (Leonotis leonurus)
Die in Quirlen um die Triebe stehenden Blüten des Löwenohrs entfachen im Hochsommer und Herbst ein wahres Blütenfeuerwerk, das jeden in seinen Bann zieht. **Pflege im Som-**

Erst im Spätsommer zeigt das Löwenohr seine mit einem weichen Flaum überzogenen Blütenquirle.

Die Blüten des Wandelröschens wechseln im Aufblühen ihre Farbe je nach Sorte von Gelb zu Rot, von Weiß zu Rosa oder bleiben einfarbig.

Kanarischer Fingerhut (Isoplexis canariensis)

Diese Neuentdeckung im Kübelpflanzen-Sortiment ist weder mit dem heimischen Fingerhut verwandt, noch ist sie giftig wie dieser. Unbekümmert kann man sich an der Schönheit der drachenkopfähnlichen Blüten erfreuen, die in bis zu 30 cm langen Kerzen in die Höhe ragen. **Pflege im Sommer:** Schneiden Sie die welken Blütenstände ab, um die Kraft raubende Samenbildung zu unterbinden und neue Blütenknospen zu fördern. **Pflege im Winter:** Hell bei 5 bis 12 °C aufstellen, Wintergärten sind ideal. **Verwendung:** Mit seinen markant aufrechten Blütenkerzen sorgt der Kanarische Fingerhut für willkommene Abwechslung in kompakt wirkenden Arrangements.

Wandelröschen (Lantana camara)

Ob als kleine Büsche im Vordergrund oder imposante Halbstämme im Hintergrund – Wandelröschen faszinieren in jeder Form mit ihren Blüten, die im Auf- und Verblühen die Farbe wechseln. Spielarten von Gelb nach Rot sind ebenso beliebt wie solche von Weiß nach Rosa.
Pflege im Sommer: Diese mehrjährigen Dauerblüher machen einem das Gießen einfach, denn ihre Blätter zeigen einsetzende Trockenheit mit schlappen Blättern an. Gießt man umgehend, erholen sie sich rasch wieder. Gegen Weiße Fliegen, die häufig auftreten, helfen Gelbtafeln.
Pflege im Winter: Hell oder dunkel

mer: Wassermangel zeigen die Starkzehrer mit schlappen, Nährstoffmangel mit gelben Blättern an. Reagieren Sie sofort, sonst kommt es zum Blattabwurf und die Triebe verkahlen. **Pflege im Winter:** Hell – zur Not auch dunkel – bei 8 bis 15 °C überwintern. Die Blüte können Sie auch im Haus an einem sehr hellen Platz genießen, falls Sie die Südafrikanerinnen bei vorzeitigem Frost bereits ins Haus holen müssen. **Verwendung:** Aufgrund seiner späten Blüte ist das Löwenohr ein wertvoller Schmuck für den Hochsommer- und Herbstbalkon.

bei 10 bis 18 °C aufstellen. Sie sollten den Wurzelballen nicht austrocknen lassen. Bei hellem Stand behalten die Pflanzen ihre Blätter und starten im nächsten Jahr früher und kräftiger in die Saison. **Verwendung:** Den lustigen Gesellen gebührt ein Platz in der ersten Reihe, damit man das Blütenschauspiel aus nächster Nähe betrachten kann.

Seidenpflanze (Asclepias curassavica)

Leider werden Seidenpflanzen oftmals als einjährige Balkonblumen angeboten. Dabei sind sie mehrjährig und schmücken den Freisitz von Jahr zu Jahr mit einem immer üppigeren Flor. **Pflege im Sommer:** Damit sie in Form bleiben, entspitzt man die raschwüchsigen Dauerblüher drei bis vier Mal pro Sommer. Die Blüten, die dabei verloren gehen, werden rasch durch eine Fülle neuer Blütenknospen ersetzt. **Pflege im Winter:** Hell bei 8 bis 15 °C und konstant leicht feuchtem Ballen überwintern. **Verwendung:** Seidenpflanzen sind als Halbstämmchen gezogen am attraktivsten, da sie so jederzeit in Top-Form bleiben.

Marmeladenbusch/Kanarenblümchen (Streptosolen jamesonii)

Neben der rein gelben Form wartet dieser immergrüne Strauch mit orangefarbenen Blüten auf. **Pflege im Sommer:** Je sonniger der Standort ist, umso reicher fällt die Blüte aus,

Die Seidenpflanze betört durch ihr Farbspiel von roten Knospen und gelb-orangefarbenen Kronblättern.

Der Hammerstrauch gehört mit seiner goldgelben Farbe auf jeden mediterranen Balkon (siehe Tabelle Seite 29).

die in schönen Sommern von April bis August anhalten kann. **Pflege im Winter:** Hell bei 5 bis 12 °C überwintern. Bei dunklem Stand kommt es zum Blattabwurf, der jedoch im Frühjahr beim Neuaustrieb wieder

Wer kennt sie nicht aus exotisch floristischen Gestecken: die Paradiesvogelblume macht ihrem Namen alle Ehre.

Die Blütenblätter der Don-Juan-Pflanze wagen sich nur wenig aus den orangefarbenen Kelchen hervor. Die wüchsigen Pflanzen blühen den ganzen Sommer.

ausgeglichen wird. **Verwendung:** Ohne Stützhilfen neigen sie sich zu Boden. Auf einer Säule oder am Balkongeländer kommen sie daher bestens zur Geltung.

Paradiesvogelblume (Strelitzia reginae)

Nicht nur in exklusiven Blumensträußen machen die Vogelkopf-Blüten der Strelitzie eine wunderschöne Figur. Auch die Pflanzen selbst mit ihrem derben, bananenähnlichen Laub versprühen exotisches Flair. **Pflege im Sommer:** Gießen Sie nicht zu viel, damit die dickfleischigen Wurzeln nicht faulen. **Pflege im Winter:** An einem sehr hellen Fensterplatz ohne austrocknende Heizungsluft können die Pflanzen sogar in Wohnräumen überwintern. **Verwendung:** Strelitzien sind edle Solitärpflanzen, denen ein exponierter Platz gebührt.

Don-Juan-Pflanze (Juanulloa mexicana)

Was sie an attraktivem Wuchs vermissen lässt, macht die Don-Juan-Pflanze, auch Guacamaya-Strauch genannt, durch ihre wunderschönen Blütenkelche wett. **Pflege im Sommer:** Regelmäßiges Entspitzen regt die starren Triebe zu besserer Verzweigung an. **Pflege im Winter:** Hell bei 12 bis 20 °C aufstellen. Im Wintergarten blühen die Südamerikanerinnen sogar die kalte Jahreszeit hindurch. **Verwendung:** Die sparrig wachsenden Pflanzen brauchen die Nachbarschaft buschiger Begleiter.

Orangefarben blühende Kübelpflanzen

Name	Standort	Blüten-dauer	Blüte-zeitraum	Wuchs-form	Bemerkungen	Pflegetipps
Drillingsblume *Bougainvillea*-Hybriden	○	mehrmals 3–4 Wochen	V–IX	Kletter-pflanze	orangefarbene Sorten	D: 14-tägig; G: in größeren Abständen reichlich gießen; W: h 12–20 °C
Don-Juan-Pflanze *Juanulloa mexicana*	○	3–4 Monate	VI–X	Busch	Dauerblüher mit vereinzelten Blüten-büscheln	D: 14-tägig; G: gleich-mäßig feucht halten; W: h 12–20 °C
Gelber Hammerstrauch *Cestrum aurantiacum*	○–◑	3–4 Monate	V–IX	Busch	wüchsiger Dauerblüher	D: 2 × wöchentlich; G: gleichäßig feucht halten, verbraucht viel Wasser; W: h 5–12 °C
Kanarischer Fingerhut *Isoplexis canariensis*	○	2–3 Monate	V–X	Busch	Dauerblüher; Blüten-kerzen	D: 14-tägig; G: mäßig feucht halten; W: h 5–12 °C
Kapgeißblatt *Tecomaria capensis*	○	3–4 Wochen	VII–XI	Kletter-pflanze	wächst buschig bis kletternd	D: wöchentlich; G: ver-braucht viel Wasser; W: h 5–12 °C
Löwenohr *Leonotis leonurus*	○	4–6 Wochen	VII–XI	Busch	faszinierende Blüten-architektur	D: wöchentlich; G: ver-braucht viel Wasser; W: h (d) 8–15 °C
Marmeladenbusch *Streptosolen jamesonii*	○	2–3 Monate	VI–XI	Busch	z. T. gelbe und orangefarbene Blüten auf einer Pflanze	D: 14-tägig; G: gleich-mäßig feucht halten; W: h 5–12 °C
Orangefarbene Thunbergie *Thunbergia gregorii*	○	3–4 Wochen	VI–VII	Kletter-pflanze	orangefarbene Blüten	D: wöchentlich; G: gleichmäßig feucht halten; W: h 8–15 °C
Paradiesvogelblume *Strelitzia reginae*	○	4–6 Wochen	II–X	Horst	vogelkopfähnliche Blüten	D: monatlich; G: trocken halten; W: h 5–20 °C
Seidenpflanze *Asclepias curassavica*	○	3–4 Monate	V–IX	Busch	Dauerblüher; orange-rote Blüten	D: wöchentlich; G: gleichmäßig feucht halten, verbraucht viel Wasser; W: h 8–15 °C
Sesbanie *Sesbania punicea*	○	3–4 Wochen	V–IX	Busch	weithin orangerot leuchtende Blüten-büschel	D: 14-tägig; G: mäßig feucht halten; W: h 8–15 °C
Wandelröschen *Lantana camara*	○	3–4 Monate	VI–X	Busch	Dauerblüher; Farb-wechsel	D: wöchentlich; G: gleichmäßig feucht halten, verbraucht viel Wasser; W: h (d) 8–15 °C

D = Düngen; G = Gießen; W = Winter; h = hell; d = dunkel; ○ = Sonne; ◑ = Halbschatten; ● = Schatten

Blau: Beruhigend kühl

Blau wie der Toskana-Himmel, kühl wie das Mittelmeer, erfrischend wie ein Sommerregen am Strand – die Farbe Blau erzeugt in jedem von uns ein Gefühl von Ruhe. Kombiniert man die kühle Wirkung mit zarten Blütenformen und schlichten Blattarchitekturen, entspannen sich Auge und Geist vollkommen. Farbspiele in Blau und Violett eignen sich vor allem für sonnige Balkone und Terrasse, da die Sonnenstrahlen hier die Blüten so richtig zum Leuchten bringen. In halbschattigen Lagen wirken sie oftmals düster.

Die violetten Blüten des Lavendel und das Blau der Tagblume mischen sich mit dem grauen Laub von Olive und Heiligenblume.

Kombinationen mit Blau

Für fröhliche Aufheller sorgen **weiß** oder **rosafarben** blühende Kübelpflanzen, die in Einzelexemplaren eingestreut werden. Sie fangen selbst den schwächsten Lichtstrahl auf und verwandeln ihn in helle Blickpunkte, die das gemütliche Beisammensein nach Feierabend erheitern.
Orangefarbene Blüten passen ebenfalls sehr gut zu blauen Arrangements, die sie mit Leben und Fröhlichkeit füllen.
Nicht fehlen sollten **Blattschmuckpflanzen**, die sich mühelos in das ruhige Ensemble eingliedern lassen. **Graulaubige**, frosttolerante Pflanzen wie Rosmarin (*Rosmarinus*), Salbei (*Salvia*) oder Blauraute (*Perovskia*) unterstützen die kühle Wirkung blauer Blüten.

Passende Accessoires zu Blau

Was könnte besser zu blau blühenden Pflanzen passen als ebenfalls blaue Elemente. **Blau lasierte Tonwaren** bieten sich als Pflanzgefäße oder Übertöpfe an. Als Kontrast lassen sich einige **vanillefarbene Töpfe** einstreuen. **Holztröge** geben den edlen Pflanzen mehr Bodenständigkeit. In keinem Fall fehlen sollten **Wasserspiele**, die vom kleinen Springbrunnen bis zur einfachen Wasserschale reichen können, auf der jeden Tag frisch gepflückte Blüten schwimmen. Geben Sie ein paar Tropfen ätheri-

◀ Einer Gruppe von Fanfaren-
bläsern gleich stehen die
Blüten des Veilchenstrauchs
am Ende der Triebe und
stimmen ihr sommerlanges
Lied an.

Wie eine Schar himmel-
blauer Schmetterlinge um-
flattern die Blüten des Blau-
flügelchens die Triebe dieses
schnellwüchsigen Strauchs. ▶

◀ Der Bleiwurz treibt jedes
Jahr neu aus und schmückt
sich mit himmelblauen oder
weißen Blüten an den Triebenden. Da sie mit klebrigen
Drüsen besetzt sind, bleiben
sie überall haften und
sollten abgezupft werden,
sobald sie welk sind.

Die Himmelsblume erobert ▶
mit ihren himmelblauen
Blüten die Sympathien im
Sturm. Die anspruchsvollen
Kletterer gehören in geübte
Hände.

sches Öl mit hinein, das mit dem
Wasser im Sonnenschein verdampft
und Ihren Lieblingssitzplatz in zarten
Duft hüllt. Wer das maritime Am-
biente unterstreichen möchte, erreicht
dies mit einem **Strandkorb** oder einer **Kiesauflage** als Bodenbelag, die
beim Betreten leise knirscht – ein tol-
les Gefühl, wenn man barfuß darüber
läuft.

Blau blühende Pflanzen für Balkon und Terrasse

Schmucklilie (Agapanthus praecox)

Die blau oder weiß blühenden Sorten
dieser pflegeleichten Staude sollten
auf keiner blauen Terrasse fehlen.
Pflege im Sommer: Topfen Sie die
kräftigen Blatthorste erst um, wenn
die Pflanzen vollkommen durchwur-

Blau ist eine der begehrtesten und zugleich seltenen Blütenfarben im Pflanzenreich. Wer seine kühle Wirkung liebt, setzt auf Schmucklilien und Lavendel.

Blau blühende, ein- und zweijährige Sommerblumen als Begleiter:

Leberbalsam (*Ageratum*), Blaues Gänseblümchen (*Brachyscome*), Blaue Mauritius (*Ipomoea*), Kapaster (*Felicia*), Vanilleblume (*Heliotropium*), Männertreu (*Lobelia*), Vergissmeinnicht (*Myosotis*), Nierembergie (*Nierembergia*), Blaue Fächerblume (*Scaevola*), Eisenkraut (*Verbena*).

zelt sind, denn Enge fördert die Blüte. **Pflege im Winter:** Stellt man die Südafrikanerinnen hell bei über 5 °C auf, behalten sie ihr riemenförmiges Laub. Stehen sie dunkel, welken die Blätter, um erst im nächsten Frühjahr wieder auszutreiben. **Verwendung:** Zwei Exemplare rechts und links des Haus- oder Garteneingangs sind ein stilvoller Willkommensgruß für Ihre Gäste.

Blauer Kartoffelstrauch (Lycianthes rantonnetii)

Dieser beliebte, aber giftige Strauch hüllt sich den ganzen Sommer in eine Wolke blauvioletter Blüten. **Pflege im Sommer:** In heißen Sommern sind hohe Wassergaben (2 × täglich) und eine gute Nährstoffversorgung (2 × wöchentlich) nötig. Halbstämmchen brauchen eine sehr strenge Hand beim Rückschnitt. **Pflege im Winter:** In ihrem hellen oder dunklen, gerade frostfreien Winterquartier dürfen die Ballen nicht austrocknen. **Verwendung:** Mit ihrer Wuchskraft bilden die Kronen einen wunderschönen Hintergrund. Wenn Ihre Pflanze nie mehr so kompakt und blütenreich wird wie beim Kauf, liegt das an der Behandlung mit Wuchshemmstoffen, deren Wirkung zu Hause nachlässt.

Blauglöckchen (Sollya heterophylla)

Diese wüchsigen, schlingenden Kletterpflanzen lassen ihre kleinen, aber unzähligen blauen oder weißen Blütenglöckchen ab Mai erklingen. **Pflege im Sommer:** Leiten Sie die Triebe regelmäßig an die Kletterhilfen heran, damit sie nicht wie „Angeln" abstehen. **Pflege im Winter:** Hell bei 5 bis 12 °C überwintern. Es ist zwar kein Rückschnitt erforderlich, aber möglich. **Verwendung:** Die Australierinnen eignen sich mit ihrem feinen, schmalen, aber dichten Laub sehr gut als Sichtschutzpflanzen.

Blau und Violett blühende Kübelpflanzen

Name	Stand-ort	Blüten-dauer	Blütezeit-raum	Wuchs-form	Bemerkungen	Pflegetipps
Australischer Rosmarin *Westringia fruticosa*	○	4–5 Monate	IV–VI/ VIII–X	Busch	sehr reich blühend; graulaubig; weiße und violettblaue Spielarten	D: 14-tägig; G: mäßig feucht halten, verträgt Trockenheit; W: h 5–12 °C
Blauer Kartoffelstrauch *Lycianthes rantonnetii*	○	4–5 Monate	V–IX	Busch	Dauerblüher; violett-blaue Blüten	D: 2 × wöchentlich; G: gleichmäßig feucht halten, verbraucht viel Wasser; W: h/d 5–12 °C
Blauflügelchen *Clerodendrum ugandense*	○–◐	2–3 Monate	IV–XI	Busch	schmetterlingshafte, hellblaue Blüten; anspruchsvoll	D: wöchentlich; G: gleich-mäßig feucht halten; W: h/d 8–15 °C
Blauglöckchen *Sollya heterophylla*	○	2–3 Monate	V–IX	Kletter-pflanze	Dauerblüher; kleine blaue oder weiße Blütenglöckchen	D: wöchentlich; G: gleich-mäßig feucht halten, keine Staunässe; W: h 5–12 °C
Bleiwurz *Plumbago auriculata*	○	6–8 Wochen	V–X	Kletter-pflanze	sehr reich blühend; blaue und weiße Spiel-arten	D: wöchentlich; G: gleich-mäßig feucht halten; W: h/d 0–10 °C
Himmelsblume *Thunbergia grandiflora*	○–◐	4–6 Wochen	V–X	Kletter-pflanze	sehr große, himmel-blaue Blüten; anspruchsvoll	D: wöchentlich; G: gleich-mäßig feucht halten; W: h 8–15 °C
Kreuzblume *Polygala myrtifolia*	○	4–5 Monate	III–X	Busch	Dauerblüher; violette Blüten	D: wöchentlich; G: gleich-mäßig feucht halten, keine Staunässe; W: h 5–12 °C
Mönchspfeffer *Vitex agnus-castus*	○–◐	2–3 Wochen	VIII–X	Busch	würzig-herber Duft der Blätter; violettblaue Blüten	D: 14-tägig; G: mäßig feucht halten, verträgt Trockenheit; W: h/d 0–10 °C
Natternkopf *Echium candicans*	○	6–8 Wochen	IV–VI	Busch	graues Laub, imposante, hellblaue Blütenstände	D: 14-tägig; G: eher trocken halten; W: h/d 5–12 °C
Passionsblume *Passiflora caerulea*	○	2–3 Monate	VI–IX	Kletter-pflanze	blau-weiße Blüten von faszinierender Archi-tektur; Früchte	D: 14-tägig; G: gleichmäßig feucht halten; W: h 5–12 °C
Prinzessinnenblume *Tibouchina urvilleana*	○	2–3 Monate	VII–IX	Busch	samtweiche Blätter; bis 8 cm große Blüten; häufiger Rückschnitt erforderlich	D: 14-tägig; G: mäßig feucht halten; W: h/d 8–15 °C
Schmucklilie, z. B. 'Blue Giant' *Agapanthus*	○–◐	3–4 Wochen	VI–VIII	Horst	weiße oder blaue Blütenbälle auf langen Stielen	D: 14-tägig; G: eher trocken halten; W: h (d) 5–12 °C
Veilchenstrauch *Iochroma cyanea*	○	2–3 Wochen	VI–IX	Busch	röhrenförmige, violett-blaue Blüten in dichten Büscheln; ähnliche Art: *Acnistus arborescens*	D: wöchentlich; G: gleich-mäßig feucht halten, verbraucht viel Wasser; W: h/d 8–15 °C

D = Düngen; G = Gießen; W = Winter; h = hell; d = dunkel; ○ = Sonne; ◐ = Halbschatten; ● = Schatten

Weiß und Rosa: Romantik im Sommer

Für romantisch veranlagte Menschen ist eine Pflanzenauswahl genau das Richtige, die sich in zarten Weiß- und Rosatönen hält. Dabei ist nicht einmal ein vollsonniger Balkon vonnöten, denn die hellen Farben fangen jeden Lichtstrahl ein, verstärken ihn und sorgen auch an halbschattigen Plätzen für Helligkeit. In der vollen Sonne können weiße Blüten dagegen zu grell wirken. Hier bieten sich Rosatöne an, um die Lichtreflektionen abzumildern. In den lichtintensiven Mittagsstunden sorgt ein Sonnenschirm für milderes Licht.

Kombinationen mit Weiß und Rosa

Gerne mischen sich auffälligere Töne unter die sanftmütigen Weiß- oder

Wem die Klarheit weißer Kapkörbchen- und Drillingsblumen-Blüten zu eintönig ist, mischt sie mit leuchtend pinkfarbigen Sorten.

Rosa-Nuancen. Kräftigeres **Pink** und **Violett** bis hin zu **Rot** sorgen für optische Highlights, die den Blick fesseln, bevor er über die weicheren Farben streift. Allerdings sollten Sie die grellen Töne wirklich nur vereinzelt einsetzen, damit nicht das eigentliche Farbthema übertrumpft wird. Auch **himmelblaue** Farbtöne gesellen sich gerne zu Weiß.

Passende Accessoires zu Weiß und Rosa

Helle Blütenfarben verlangen nach ebenfalls hellen Pflanzgefäßen. Dunkel lasierte Töpfe sind oftmals ein zu starker Kontrast. **Ockerfarbene, arabische Tonwaren** sind hier erste Wahl. **Silbern glänzende Metallgefäße oder Metallkugeln** passen ebenfalls sehr gut zu den Lichteffekten. **Holztröge** bilden einen natürlichen, bodenständigen Kontrast zu den zarten Blüten.

Rosa-weiß blühende Pflanzen für Balkon und Terrasse

Oleander (Nerium oleander)
Als Sinnbild für den sonnigen Süden zählt der Oleander zu den beliebtesten und häufigsten Kübelpflanzen. Entsprechend groß ist die Auswahl an Sorten, deren Blütenfarben von reinem Weiß über Rosa, Lachs und Pink bis hin zu Rot in gefüllter und ungefüllter Form reichen. Auch gelbe Varianten sind erhältlich. **Pflege im Som-**

Oleander präsentiert sich nicht nur in klassischem Rosa, sondern auch in gelben, roten, lachsfarbenen und weißen Varianten.

mer: Beim Gießen empfiehlt es sich, etwas Wasser im Untersetzer oder Übertopf stehen zu lassen, das die Pflanzen in den Folgestunden aufnehmen. Sie sollten sie jede Woche 1 × düngen. **Pflege im Winter:** Den giftigen Pflanzen reicht ein heller, gerade frostfreier Raum zum Überwintern. Jährlich im Herbst oder Frühjahr sollte ein Drittel der Triebe eingekürzt werden, damit sich die Pflanzen verzweigen und kompakt bleiben. **Verwendung:** Oleander ist ein pflegeleichtes Muss auf jeder mediterranen Terrasse. Seine Sortenfülle ermöglicht es, zu jedem Arrangement die richtige Blütenfarbe zu finden.

Strauch-Margerite (Argyranthemum frutescens)
Diese sehr weit verbreiteten Kübelpflanzen unterstreichen mit ihrem

Auf die weißen Pinselblüten der Kirschmyrte folgen im Herbst leuchtend pinkfarbene Beeren. Die Australierinnen sind sehr pflegeleicht.

fein geschlitzten, grauen Laub das Farbthema „Weiß" perfekt.
Pflege im Sommer: Damit sie in Form bleiben, werden Strauch-Margeriten zwei- bis dreimal während der Sommermonate geschnitten. Auch wenn dabei einige der weißen oder rosafarbenen Blüten verloren gehen – sie werden im Nu durch eine Fülle neuer Knospen ersetzt. **Pflege im Winter:** Die Überwinterung dieser langlebigen Pflanzen ist nicht ganz einfach. Wichtig ist ein heller Standort. Die Wurzelballen sollten nie ganz austrocknen, aber auch nicht nass stehen. **Verwendung:** Vor allem als

Halbstämmchen sind Margeriten wunderschöne „Türsteher" an der Terrassen- oder Haustür.

Engelstrompete (Brugmansia-Hybriden)

Hunderte von Sorten werben um die Gunst derjenigen, für die Engelstrompeten längst zur Passion geworden sind. Für den Kübelpflanzen-Einsteiger reicht hingegen meist ein einziges Exemplar dieser wüchsigen Giftpflanzen, die pro Sommer viele hundert Blüten hervorbringen können. Halb- und Hochstämme sind deutlich Platz sparender als ausladende Büsche.
Pflege im Sommer: Ein halbschattiger, windgeschützter Platz kommt den großblättrigen und -blütigen Pflanzen zu Gute. An vollsonnigen Standorten kommt es leicht zu Blattverbrennungen und man kann selbst mit zweimaligem Gießen an heißen Tagen den Wasserbedarf kaum decken. **Pflege im Winter:** Hell oder dunkel bei 5 bis 10 °C aufstellen. Die Kronen nicht zu weit zurückschneiden, denn die Blüten bilden sich erst oberhalb der ersten Verzweigung.

Kirschmyrte (Syzygium paniculatum)

Eigentlich erstaunlich, warum diese Multitalente bisher noch weitgehend unbeachtet geblieben sind. Im Frühjahr schmücken sich die Sträucher mit roten Blättern, im Sommer mit zart duftenden, weißen Pinselblüten und im Herbst mit glänzend pinkfarbenen Früchten.

Pflege im Sommer: Diese australischen Pflanzen sind sehr pflegeleicht und auch für Einsteiger ideal. **Pflege im Winter:** Hell bei 5 bis 12 °C überwintern. Ballen leicht feucht halten. **Verwendung:** Kirschmyrten gliedern sich mühelos in jedes Kübelpflanzenset ein. Selbst als Kegel und Halbstämmchen machen sie eine perfekte Figur.

Myrte (Myrtus communis)

Noch heute ist es Brauch, aus den würzig duftenden Zweigen der Myrte Kränze für Hochzeitspaare zu binden. **Pflege im Sommer:** Sie sollten die pflegeleichten, langlebigen Mittelmeerpflanzen in größeren Abständen, dann aber reichlich gießen. Wassermangel hat rasch Blattfall zur Folge. Regelmäßiger Rückschnitt formt die kleinen Kronen zu kompakten Kugeln, Kegeln oder Halbstämmchen. **Pflege im Winter:** Hell bei 5 bis 12 °C aufstellen. **Verwendung:** Mit ihren duftenden Blättern und weißen Pinselblüten gehören Myrten in die Nähe Ihres Lieblingssitzplatzes. Mit kleinen Pflanzen können Sie Ihren Tisch wirkungsvoll dekorieren.

Kapmalve (Anisodontea capensis)

Diese wüchsigen Südafrikanerinnen schmücken sich den ganzen Sommer über mit rosafarbenen, bis zu 4 cm großen Blüten. **Pflege im Sommer:** Regelmäßiger Rückschnitt zügelt die Wuchskraft und hält die Kronen in Form. Kleine oder gelbe Blätter zeigen Nährstoffmangel an, dem Sie mit

Ihren rosaroten Blütenreigen zeigt die Kapmalve nur, wenn sie stetig mit reichlich Wasser und Dünger versorgt wird.

wöchentlichen Flüssigdüngergaben und täglichem Gießen vorbeugen sollten. **Pflege im Winter:** Hell oder dunkel bei 5 bis 12 °C aufstellen und stets leicht feucht halten. **Verwendung:** Das grau-grüne bis hellgrüne Laub und die zarten, malvenähnlichen Blüten sind für romantische Menschen wie geschaffen.

Südseemyrte (Leptospermum scoparium)

Schon ab März verstecken diese heidenähnlichen Pflanzen ihre nadelartigen Blätter unter einer Wolke rosafarbener Blüten. **Pflege im Sommer:** Die Wurzelballen dürfen niemals austrocknen. **Pflege im Winter:** Hell bei 5 bis 12 °C aufstellen und regelmäßig gießen.

Weiß und Rosa blühende Kübelpflanzen

Name	Standort	Blüten-dauer	Blüte-zeitraum	Wuchs-form	Bemerkungen	Pflegetipps
Bleiwurz *Plumbago auriculata* 'Alba'	○	6–8 Wochen	V–X	Kletter-pflanze	weiß; sehr reich blühend	D: wöchentlich; G: gleichmäßig feucht halten; W: h/d 0–10 °C
Drillingsblume *Bougainvillea*-Hybriden	○	mehr-mals 3–4 Wochen	V–IX	Kletter-pflanze	weiße und rosafarbene Sorten	D: 14-tägig; G: in größeren Abständen reichlich gießen; W: h 12–20 °C
Engelstrompete *Brugmansia*-Hybriden	◑	2–3 Monate	V–IX	Busch	Dauerblüher; Blüten-reichtum; Duft; weiße und rosafarbene Sorten	D: 2 × wöchentlich; G: gleichmäßig feucht halten, verbraucht viel Wasser; W: h/d 5–12 °C
Erdbeerbaum *Arbutus unedo*	○–◑	2–3 Wochen	VII–IX	Busch	weiß; dekorative und essbare Früchte	D: 14-tägig; G: gleich-mäßig feucht halten, keine Staunässe; W: h 5–12 °C
Heiliger Bambus *Nandina domestica*	◑	3–4 Wochen	VI–VII	Busch	Fruchtschmuck- und Blattschmuckpflanze (rote Herbstfärbung)	D: 14-tägig; G: gleich-mäßig feucht halten, verträgt Trockenheit; W: h 0–10 °C
Echter Jasmin *Jasminum officinale*	○	3–4 Wochen	VI–IX	Kletter-pflanze	weiß; intensiver Blüten-duft	D: wöchentlich; G: gleichmäßig feucht halten; W: h 5–12 °C
Kapernstrauch *Capparis spinosa*	○	2–3 Wochen	VI–VIII	Hänge-pflanze	weiß-violette, lange Staubfäden	D: monatlich; G: trocken halten; W: h/d 5–12 °C
Kapmalve *Anisodontea capensis*	○	4–5 Monate	III–VII	Busch	rosa; graues Laub, reich-blütig; für Formschnitt geeignet; Dauerblüher	D: wöchentlich, G: gleichmäßig feucht halten, verbraucht viel Wasser; W: h (d) 5–12 °C
Kirschmyrte *Syzygium paniculatum*	◑	3–4 Wochen	V–VI	Busch	weiß; leuchtend pink-farbener Frucht-schmuck; für Form-schnitt geeignet	D: 14-tägig; G: gleich-mäßig feucht halten, verträgt Trockenheit; W: h 5–12 °C
Klebsame *Pittosporum tobira*	○–◑	3–4 Wochen	III–VI	Busch	gelblich-weiß; süßlicher Blütenduft	D: 14-tägig; G: gleich-mäßig feucht halten; W: h 5–12 °C
Kletternder Nacht-schatten *Solanum jasminoides*	○	4–5 Monate	V–IX	Kletter-pflanze	weiß; Dauerblüher	D: wöchentlich; G: gleichmäßig feucht halten, verbraucht viel Wasser; W: h/d 5–12 °C
Kreppmyrte *Lagerstroemia indica*	○	2–3 Wochen	VII–IX	Baum	divers; farbintensive, spätsommerliche Blüte	D: 14-tägig; G: gleich-mäßig feucht halten, W: h/d 0–10 °C

D = Düngen; G = Gießen; W = Winter; h = hell; d = dunkel; ○ = Sonne; ◑ = Halbschatten; ● = Schatten

Name	Standort	Blüten-dauer	Blüte-zeitraum	Wuchs-form	Bemerkungen	Pflegetipps
Mexikanische Orangen-blume *Choisya ternata*	◑	weiß; 2–3 Wochen	V–VI	Busch	zarter Zitrusduft; Blüten	D: 14-tägig; G: gleich-mäßig feucht halten; W: h 5–12 °C
Mittelmeerschneeball *Viburnum tinus*	○	4–6 Wochen	II–III/ IX–XI	Busch	weiß; leuchtend blauvioletter Frucht-schmuck	D: 14-tägig; G: mäßig feucht halten, verträgt Trockenheit; W: h 0–10 °C
Myrte *Myrtus communis*	○	4–6 Wochen	VI–X	Busch	weiß; würziger Duft	D: 14-tägig; G: mäßig feucht halten; W: h 5–12 °C
Natalpflaume *Carissa macrocarpa*	◑	3–4 Wochen	V–VIII	Busch	weiß; zart duftend; immergrüne Blatt-schmuck- und Frucht-pflanze	D: 14-tägig; G: gleich-mäßig feucht halten, verträgt Trockenheit; W: h 5–12 °C
Oleander *Nerium oleander*	○	6–8 Wochen	VI–IX	Busch	weiße und rosafarbene Sorten	D: 2 × wöchentlich; G: gleichmäßig feucht halten, verbraucht viel Wasser; W: h 5–12 °C
Schmucklilie *Agapanthus praecox* 'Alba'	○	3–4 Wochen	VI–VIII	Horst	weiße Blütenbälle auf langen Stielen	D: 14-tägig; G: trocken halten; W: h 0–10 °C
Schönmalve *Abutilon*-Hybriden	◑	4–5 Monate	IV–XI	Busch	Dauerblüher; weiße und rosafarbene Sorten	D: 14-tägig; G: gleich-mäßig feucht halten; W: h 12–20 °C
Sternjasmin *Trachelospermum* *jasminoides*	○–◑	4–6 Wochen	VI–VII	Kletter-pflanze	zarter Blütenduft	D: 14-tägig; G: gleich-mäßig feucht halten, verträgt Trockenheit; W: h 5–12 °C
Strauch-Margerite *Argyranthemum frutes-cens*	○	4–5 Monate	IV–X	Busch	weiße und rosafarbene Spielarten; Dauer-blüher; für Formschnitt geeignet	D: wöchentlich; G: gleichmäßig feucht halten, verbraucht viel Wasser; W: h 8–15 °C
Südseemyrte *Leptospermum* *scoparium*	○	2–3 Monate	IV–VII	Busch	Dauerblüher; nadel-artiges Laub; rote und rosafarbene Sorten	D: 14-tägig; G gleich-mäßig feucht halten; W: h 5–12 °C

D = Düngen; G = Gießen; W = Winter; h = hell; d = dunkel; ○ = Sonne; ◑ = Halbschatten; ● = Schatten

Ihrem Namen folgend zeigt die Kreppmyrte ihre zerknitterten Blüten nach einem sonnenreichen, warmen Sommer bis weit in den Herbst hinein.

Kreppmyrte (Lagerstroemia indica)

Mit ihrer weißen, rotvioletten oder rosafarbenen August- und Septemberblüte sorgt die Kreppmyrte spät im Jahr noch einmal für Furore. Bleibt die Blüte aus, ist ein zu schattiger Standort oder ein verregneter Sommer Schuld.

Pflege im Sommer: Die Pflanzen reagieren empfindlich auf erhitzte Wurzelballen. Platzieren Sie die Töpfe deshalb halbschattig.

Pflege im Winter: Hell oder dunkel bei 0 bis 10 °C überwintern.

Verwendung: Bis zur Blüte gliedern sie sich mit ihrem unscheinbaren Laub und Wuchs in die Reihen anderer Kübelpflanzen ein. Zur Blütezeit rückt man sie nach vorne.

Natalpflaume (Carissa macrocarpa)

Die pflaumengroßen, roten Früchte dieser langsamwüchsigen Immergrünen schmecken erfrischend. Die weißen Blüten sind bis zu 5 cm groß und duften lieblich.

Pflege im Sommer: Die mit Dornen bewehrten und giftigen, Milchsaft führenden Pflanzen stellen keinerlei Ansprüche. **Pflege im Winter:** Ein heller Raum bei 5 bis 12 °C genügt. Sie dürfen den Ballen nicht austrocknen lassen.

Die Schönmalve fühlt sich mit ihren zarten Blättern im Halbschatten besonders wohl. Hier lässt sie unermüdlich ihre Blütenglocken erklingen.

den meisten Lagen bis Ende Oktober draußen lassen kann.

Verwendung: Die kleinen Duftpflanzen sind ein universell einsetzbares Beiwerk. Während der Blütezeit rücken sie in Sitzplatznähe auf, damit man den Duft in vollen Zügen genießen kann.

Schönmalve (Abutilon-Hybriden)

Diese Südamerikanerinnen schmücken sich mit weißen, rosafarbenen, gelben, roten, lachs- oder orangefarbenen Blütenglocken.

Pflege im Sommer: Mehrfacher Rückschnitt pro Jahr und eine konstant mäßige Bodenfeuchte bewahren die zartgliedrigen Sträucher vor dem Verkahlen.

Pflege im Winter: Winterquartiere an frostfreien Tagen häufig lüften, damit sich keine Pilze einnisten.

Verwendung: Ideale Hintergrundpflanze für halbschattige Terrassen und Balkone.

Verwendung: Solange die Pflanzen noch klein sind, sind sie mit ihren glänzend-grünen, ledrigen Blättern attraktive Begleiter großer Pflanzen. Mit zunehmendem Alter werden sie zu imposanten Solitärpflanzen.

Mexikanische Orangenblume (Choisya ternata)

Die weißen Blütendolden dieser kompakten Sträucher verströmen einen feinen Zitrusduft.

Pflege im Sommer: Verhindern Sie unbedingt Staunässe, indem Sie durchlässige Erde verwenden. Sonst faulen die Wurzeln, die Pflanzen drohen abzusterben.

Pflege im Winter: Hell bei 5 bis 12 °C überwintern. Leichter Frost wird vertragen, so dass man sie in

Gelb: Da lacht die Sonne

Wie viele kleine Sonnen in unterschiedlichen Größen und Formen schmücken gelbe Blüten den Sommerbalkon. Da scheint die Sonne selbst dann, wenn es draußen in Strömen regnet! Nass-kalte Tage unserer Sommer sind rasch vergessen und man fühlt sich in den sonnig-heißen Süden versetzt. Im Kontrast zu den tief dunkelgrünen Blättern kommt die Leuchtkraft der Blüten besonders gut zur Geltung.

Kombinationen mit Gelb

Mit **buntlaubigen** Pflanzen lässt sich die Blütenfarbe Gelb wunderschön kombinieren (siehe Seite 79), da sie für noch mehr Lebendigkeit und Abwechslung sorgen. Als Kontrastgeber dienen **himmelblaue** oder **violette** Blüten (siehe Seite 30). Harmonisch gliedern sich **orangefarbene** und **rote** Farbtöne ein. Selbst **weiße** Blüten passen gut dazu. Damit zählen gelbe Blüten zu den Multitalenten, die sich wirklich mit allen Farben kombinieren lassen. Ihrer Fantasie beim Gestalten sind also keine Grenzen gesetzt.

Die bis zu 25 cm großen Blütenkelche des schlingenden Goldkelchweins halten Wind und Hitze stand (Pflanzenbeschreibung siehe Seite 81).

Schon bei leichter Berührung entfalten die Blätter des Kerzenstrauchs ihren Erdnuss-Duft. Die bis zu 1 m langen Blütenkerzen tun ihr übriges, um aus den anspruchsvollen Pflanzen wahre Schmuckstücke zu machen.

Passende Accessoires zu Gelb

Wegen der Vielseitigkeit können auch die Möbel und Pflanzgefäße auf einer sonnengelben Terrasse in nahezu jeder Farbe gehalten sein. Eine **Hängematte** unterstreicht den Urlaubscharakter, der zum Sonnenbaden und Faulenzen einlädt. Ein **Wasserbecken** oder **Wandbrunnen**, der mit Hilfe einer Pumpe für ständiges Geplätscher sorgt, passt wunderbar zur Fröhlichkeit des Ortes.

Gestaltungsvorschlag Gelbe Terrasse

Blütenpflanzen:
Flanellstrauch (*Fremontodendron californicum*)

Gewürzrinde (*Senna corymbosa*)

Hammerstrauch (*Cestrum aurantiacum*)

Hibiskus (*Hibiscus rosa-sinensis*); Halbstamm

Löwenohr (*Leonotis leonurus*)
Marmeladenbusch (*Streptosolen jamesonii*)
Seidenpflanze (*Asclepias curassavica*)
Wandelröschen (*Lantana camara*)

Frucht- oder Nutzpflanzen:
Kakipflaume (*Diospyros kaki*)

Zitrus (*Citrus*); Halbstamm; zugleich Duftpflanzen

Duftpflanzen:
Engelstrompete (*Brugmansia*-Hybride)

Kerzenstrauch (*Cassia didymobotrya*)

Zickzackstrauch (*Corokia cotoneaster*)

Blattschmuck- oder Formschnittpflanzen:
Aukube (*Aucuba japonica*)

Paradiesvogelblume (*Strelitzia reginae*)

Kletterpflanzen:
Drillingsblume (*Bougainvillea*-Hybriden)
Katzenkralle (*Macfadyena unguis-cati*)

Winterharte Kübelpflanzen (Immergrüne):
Feuerdorn (*Pyracantha coccinea*)
Mahonie (*Mahonia aquilegifolia*)
Winterjasmin (*Jasminum nudiflorum*)

Exotische Zwiebelblumen:
Goldglöckchen (*Sandersonia aurantiaca*)
Zier-Ingwer (*Hedychium gardnerianum*)

Gelb blühende Pflanzen für Balkon und Terrasse

Gewürzrinde (Senna corymbosa, S. didymobotrya)

Diese Dauerblüher sind ein absolutes Muss für jede gelbe Terrasse. *Senna corymbosa* hüllt sich im Hochsommer

Nicht nur auf der Fensterbank, sondern auch im Sommerurlaub auf Balkon und Terrasse entfaltet der Hibiskus besonders viele seiner riesigen Blütentrichter und wächst zu stattlicher Größe heran.

Gelb blühende, ein- und zweijährige Sommerblumen als Begleiter:

Goldtaler (*Asteriscus*), Pantoffelblume (*Calceolaria*), Ringelblume (*Calendula*), Mittagsgold (*Gazania*), Sonnenblume (*Helianthus*), Sterntaler (*Melampodium*), Husarenknöpfchen (*Sanvitalia*), Studentenblume (*Tagetes*), Gelbes Gänseblümchen (*Thymophylla*).

viele Wochen lang in eine Wolke aus Blüten. *S. didymobotrya*, auch Kerzenstrauch genannt, fasziniert mit bis zu 1 m langen Blütenkerzen und gefiedertem Laub, das intensiv nach Erdnussbutter riecht. **Pflege im Sommer:** Dünger- und häufigen Wassermangel zeigen die Pflanzen mit gelben Blättern an, die binnen weniger Tage abfallen. Damit die Pflanzen von unten nicht verkahlen, sollte der Ballen nie austrocknen. Wöchentliche Flüssigdüngergaben sind Pflicht. **Pflege im Winter:** Hell – zur Not auch dunkel – bei 5 bis 12 °C, *S. didymobotrya* bei 10 bis 15 °C aufstellen. Dabei den Ballen nicht austrocknen lassen. **Verwendung:** Mit ihren buschigen Kronen ist *S. corymbosa* ein gelungener Abschluss an den Rändern eines Kübelpflanzenarrangements.

Hibiskus (Hibiscus rosa-sinensis)

Die in vielen Farbvarianten bekannten Blüten des Hibiskus sind nicht umsonst Bestandteil der Staatswappen von Malaysia und Hawaii – so imposant sind sie mit ihren bis zu 15 cm Durchmesser. **Pflege im Sommer:** Für eine reiche Blüte ist ein sonniger, warmer, windgeschützter Standort erforderlich, an dem das Thermometer auch nachts nicht unter 10 °C fallen sollte. **Pflege im Winter:** An einem sehr hellen Platz kann der Hibiskus sogar im Zimmer überwin-

Gelb blühende Kübelpflanzen

Name	Standort	Blüten- dauer	Blüte- zeitraum	Wuchs- form	Bemerkungen	Pflegetipps
Drillingsblume *Bougainvillea*-Hybriden	○	mehr- mals 3–4 Wochen	V–X	Kletter- pflanze	gelb blühende Sorten	D: 14-tägig; G: in größeren Abständen reichlich gießen; W: h 12–20 °C
Engelstrompete *Brugmansia*-Hybriden	◐	2–3 Monate	V–IX	Busch	Blütenreichtum; z. T. Duft; gelbe Sorten	D: 2 × wöchentlich; G: gleichmäßig feucht halten, verbraucht viel Wasser; W: h/d 5–12 °C
Flanellstrauch *Fremontodendron mexicanum/califor- nicum*	○	4–5 Monate	IV–XI	Busch	Dauerblüher; große Einzelblüten	D: 14-tägig; G: gleich- mäßig feucht halten, keine Staunässe; W: h 5–18 °C
Gewürzrinde *Senna corymbosa, S. didymobotrya*	○	3–4 Monate	V–X	Busch	Dauerblüher	D: 14-tägig; G: gleich- mäßig feucht halten; W: h/d 5–12 °C
Hibiskus *Hibiscus rosa-sinensis*	○	3–4 Monate	IV–VIII	Busch	Dauerblüher; gelb blühende Sorten	D: 14-tägig; G: gleich- mäßig feucht halten; W: h 12–20 °C
Kängurupfötchen *Anigozanthus flavidus*	○	3–4 Wochen	VI–VII	Horst	exotische Blütenstände auf 1,5 m hohen Stielen	D: 14-tägig; G: trocken halten, keine Stau- nässe; W: h 5–12 °C
Oleander *Nerium oleander*	○	6–8 Wochen	VI–VIII	Busch	gelb blühende Sorten	D: 2 × wöchentlich; G: gleichmäßig feucht halten, verbraucht viel Wasser; W: h 5–12 °C
Paradiesvogelbusch *Caesalpinia gilliesii*	○	3–4 Wochen	VII–VIII	Busch	exotische Blüten mit langen, roten Staub- fäden	D: 14-tägig; G: gleich- mäßig feucht halten; W: h 5–12 °C
Schönmalve *Abutilon*-Hybriden	◐	4–5 Monate	IV–XI	Busch	Dauerblüher; gelb blühende Sorten	D: 14-tägig; G: gleich- mäßig feucht halten; W: h 12–20 °C
Wandelröschen *Lantana camara*	○	3–4 Monate	IV–IX	Busch	Dauerblüher; Laub riecht herb; gelb blühende Sorten	D: wöchentlich; G: gleichmäßig feucht halten, verbraucht viel Wasser; W: h 8–15 °C
Zickzackstrauch *Corokia cotoneaster*	○	3–4 Wochen	III–VI	Busch	interessanter Zick-Zack- Wuchs der Zweige	D: 14-tägig; G: mäßig feucht halten; W: h 5–12 °C
Zier-Ingwer *Hedychium gardne- rianum*	○	2–3 Wochen	VIII–X	Horst	exotische Blüten mit langen, roten Staub- fäden, Duft	D: 14-tägig; G: mäßig feucht halten; W: h/d 5–12 °C

D = Düngen; G = Gießen; W = Winter; h = hell; d = dunkel; ○ = Sonne; ◐ = Halbschatten; ● = Schatten

Der Flanellstrauch ist mit seinen bis zu 8 cm großen Blüten ein wahres Juwel unter den Kübelpflanzen. Seine Vorteile sind Dauerblüte, Frosttoleranz und Pflegeleichtigkeit. Nur Staunässe verträgt er nicht.

Die rot-gelben Blüten des Paradies-vogelbuschs sind an Exotik kaum zu übertreffen (siehe Tabelle Seite 45). Das fein gefiederte Laub ist zugleich ein attraktiver Blattschmuck.

tern, wobei jedoch auch ihm eine Abkühlung auf 15 °C wohl tut. **Verwendung:** Hibiskus-Hochstämme eignen sich hervorragend in Sitzplatznähe. Hier lassen sie ihre prächtigen Blüten direkt über Ihrem Kopf baumeln.

Flanellstrauch (Fremontodendron californicum)

Die Sorte 'California Gold' zieht mit ihren bis zu 8 cm großen Blüten alle Blicke auf sich. **Pflege im Sommer:** Diese Amerikaner lieben vollsonnige Plätze und durchlässige Erde. Staunässe hat rasch Wurzelschäden und

ein Absterben der Pflanze zur Folge. Trockenheit oder Düngermangel nehmen die anspruchslosen Kübelgäste dagegen nicht übel. **Pflege im Winter:** Bis –10 °C übersteht der Flanellstrauch sogar ausgepflanzt im Garten problemlos. Doch auch im Wintergarten oder Gewächshaus fühlt er sich wohl und toleriert hier zwischen 0 und 18 °C. **Verwendung:** Um den wenig verzweigten Wuchs auszugleichen, der sich nur mit regelmäßigem Schnitt verbessern lässt, stellt man dem Flanellstrauch buschige Nachbarn zur Seite.

Rot: Die Glut des Sommers

Keine andere Blütenfarbe hat so viel Kraft wie Rot. Je nach Farbton strahlt sie eine fesselnde Tiefe aus wie das Bordeaux-Rot der roten Oleanderblüten von *Nerium* 'Hardy Red' oder reflektiert vorwitzig die Sonnenstrahlen wie das helle Rot von Zylinderputzer und Eisenholzbaum. Wer dieses Spiel mit dem Feuer liebt, ist mit rot blühenden Kübelpflanzen gut beraten.

Kombinationen mit Rot

Am besten bleiben rote Blüten unter sich. Schon mit Nachbarfarben wie Violett, Pink oder Rosa ist eine gute Portion Geschick vonnöten, damit die Farbtöne zueinander passen. **Weiße** oder **gelbe** Blüten sind mögliche Partner, vermögen aber die Wucht ebenfalls kaum zu bremsen. Keinerlei Einschränkungen sind hingegen bei **Blattschmuckpflanzen** gegeben. Vor allem dunkelgrünes Laub bietet als Komplementärfarbe zu Rot einen wunderschönen Kontrast. Gut passen auch rot gefärbte Blätter wie die der Zier-Banane (*Ensete ventricosum* 'Maurelii'). Kirschmyrte (*Syzygium*

Die roten Staubfäden des Zylinderputzers finden sich zu langen Zylindern zusammen, die an Flaschenbürsten erinnern. Das Laub duftet beim Zerreiben erfrischend nach Zitrus.

paniculatum) oder Johannisbrotbaum (*Ceratonia siliqua*) gesellen sich gerne hinzu, denn ihr junges Laub ist im Austrieb rot und stimmt schon gleich im Frühjahr auf das kommende Feuerwerk ein. Exotische Kübelpflanzen mit rotem Herbstlaub sind bis auf den Heiligen Bambus (*Nandina domestica*) leider Mangelware. Dafür sorgen im Herbst die **schwarzen oder roten Beeren** von Vogelaugenbusch (*Ochna serrulata*), Myrte (*Myrtus communis*), Mittelmeerschneeball (*Viburnum tinus*) oder Mastixstrauch (*Pistacia lentiscus*) für zusätzliche Farbtupfer.

Passende Accessoires zu Rot

Beim Beiwerk sind weiße Elemente bevorzugt einzusetzen, die Ruhe in die Farbgewalt bringen. Gelb verstärkt dagegen die intensive Wirkung. **Helle Korb- oder Bambusmöbel** sind mit ihrem Naturton ebenfalls denk-

Der Heilige Bambus hat zwar botanisch nichts mit den gleichnamigen Riesengräsern gemein, doch wird auch er gerne in asiatischen Tempelanlagen gepflanzt. Im Herbst schmückt er sich mit roten Beeren.

bar. Für die Pflanzgefäße kommen neben **weiß, vanille** oder **grün lasierter Terracotta** auch **naturbelassene Tontöpfe** in Frage. Da viele der rot blühenden Pflanzen aus Australien stammen, ist eine Ergänzung mit entsprechenden Accessoires denkbar. Auch mit dem Orient ist die Farbe Rot eng verbunden und findet in diesem Stil passende Begleiter.

Rot blühende Pflanzen für Balkon und Terrasse

Korallenstrauch (Erythrina crista-galli)

Mit seinen feuerroten Blütenständen im Hoch- bis Spätsommer ist der Korallenstrauch seit Jahrzehnten ein unbestrittener Favorit im Kübelpflanzen-Sortiment. **Pflege im Sommer:** Schneiden Sie die Sträucher im Sommer nicht zurück, denn die Blüten er-

Gestaltungsvorschlag Rote Terrasse

Blütenpflanzen:

Eisenholzbaum (*Metrosideros excelsa*)

Hammerstrauch (*Cestrum elegans*)

Korallenstrauch (*Erythrina crista-galli*)

Puderquastenstrauch (*Calliandra tweedii*)

Springbrunnenpflanze (*Russelia equisetiformis*)

Zylinderputzer (*Callistemon citrinus*)

Frucht- oder Nutzpflanzen:

Brasilianische Guave (*Acca sellowiana*)

Mandelbaum (*Prunus dulcis*)

Erdbeerbaum (*Arbutus unedo*); Halbstamm

Duftpflanzen:
Duft-Geranien (*Pelargonium*-Hybriden)
Frangipani (*Plumeria rubra*); auf dem Tisch

Blattschmuck- oder Formschnittpflanzen:
Bambus (z. B. *Phyllostachys*)
Rote Keulenlilie (*Cordyline australis* 'Purpurea')
Roter Neuseel. Flachs (*Phormium tenax* 'Atropurpureum')
Rote Zier-Banane (*Ensete ventricosum* 'Maurelii')

Kletterpflanzen:
Korallenwein (*Kennedia coccinea*)
Mandeville (*Mandevilla* 'Alice du Pont')
Trompetenblume (*Campsis radicans*)

Winterharte Kübelpflanzen (Immergrüne):
Buchs (*Buxus sempervirens*), Kugel

Rhododendron, kleinbleibende Sorten

Exotische Zwiebelblumen:
Blutblume (*Scadoxus multiflorus*)
Indisches Blumenrohr (*Canna indica*)
Jakobslilie (*Sprekelia formosissima*)

scheinen an den Triebspitzen. **Pflege im Winter:** Da die Zweige im Herbst natürlicherweise zurücktrocknen, kürzt man sie jedes Frühjahr bis auf den Stock ein. Ein dunkler, frostfreier Kellerraum genügt als Winterquartier. **Verwendung:** Da sich die Zweige unter dem Gewicht der Blüten herabneigen, kommen sie auf einem erhöhten Platz besonders gut zur Geltung. Selten zu bekommen, aber unvergleichlich schön sind Hochstämme.

Eisenholzbaum (Metrosideros excelsa)

Der Name ist Programm: das Holz dieser Art ist so schwer, dass es im Wasser untergeht. In ihrer Heimat Neuseeland sind die Eisenholzbäume als Weihnachtsbäume beliebt. Bei uns blühen die robusten und sehr pflegeleichten Sträucher mit den graufilzigen Blättern dagegen im Sommer. **Pflege im Sommer:** Eisenholzbäume nehmen es nicht übel, wenn der Ballen mal austrocknet, sie bevorzugen jedoch eine konstante Pflege. **Pflege im Winter:** Die immergrünen Multitalente brauchen einen hellen Platz bei 5 bis 12 °C. **Verwendung:** Mit ihrem silbergrauen Laub sind Eisenholzbäume willkommene Begleiter auch für blaue Terrassen und Balkone.

Seine roten Pinselblüten auf grauem Laub machen den Eisenholzbaum zu einer attraktiven Pflanze, die obendrein frei von Schädlingen ist.

Korallensträucher zählen nicht nur wegen ihrer feuerroten Blütenstände, sondern auch aufgrund ihrer Pflegeleichtigkeit seit dem vorigen Jahrhundert zu den Standards im Kübelpflanzensortiment.

Strauchförmige Silbereiche (Grevillea rosmarinifolia)

Die nadelartigen Blätter dieser kleinen, überhängenden Büsche lassen nicht erahnen, welch exotische Blüten sie im Frühjahr hervorbringen werden, die an rote Krallen erinnern.

Rot blühende Kübelpflanzen

Name	Standort	Blüten-dauer	Blüte-zeitraum	Wuchs-form	Bemerkungen	Pflegetipps
Brasilianische Guave *Acca sellowiana*	○	3–4 Wochen	V–VII	Busch	essbare Früchte	D: 14-tägig; G: gleichmäßig feucht halten; W: h 5–12 °C
Drillingsblume *Bougainvillea*-Hybriden	○	mehrmals 3–4 Wochen	V–X	Kletterpflanze	rot blühende Sorten	D: 14-tägig; G: in größeren Abständen reichlich gießen; W: h 12–20 °C
Eisenholzbaum *Metrosideros excelsa*	○–◑	4–6 Wochen	VII–VIII	Busch	exotische Blüten mit langen Staubfäden	D: 14-tägig; G: gleichmäßig feucht halten, verträgt Trockenheit; W: h 5–12 °C
Fuchsie *Fuchsia*-Hybriden	◑	3–4 Monate	V–VIII	Busch	Dauerblüher; Sortenfülle	D: wöchentlich; G: gleichmäßig feucht halten; W: h 5–12 °C
Granatapfel (Zierform) *Punica granatum* 'Nana'	○	2–3 Monate	VI–VIII	Busch	Dauerblüher; dekorative Früchte	D: 14-tägig; G: gleichmäßig feucht halten; W: h/d 5–12 °C
Hibiskus *Hibiscus rosa-sinensis*	○	3–4 Monate	IV–VIII	Busch	Dauerblüher; rot blühende Sorten	D: 14-tägig; G: gleichmäßig feucht halten; W: h 12–20 °C
Korallenstrauch *Erythrina crista-galli*	○	3–4 Wochen	VII–VIII	Busch	pflegeleicht	D: 14-tägig; G: gleichmäßig feucht halten; W: d 5–12 °C
Korallenwein *Kennedia coccinea*	○	4–6 Wochen	IV–XI	Kletterpflanze	wüchsiger Sichtschutz	D: 14-tägig; G: gleichmäßig feucht halten, keine Staunässe; W: h 5–12 °C
Puderquastenstrauch *Calliandra tweedii*	○	3–4 Wochen	IV–X	Busch	exotische Blüten aus langen Staubfäden; Nachblüte möglich	D: 14-tägig; G: gleichmäßig feucht halten; W: h 8–15 °C
Roter Hammerstrauch *Cestrum elegans*	○–◑	2–3 Monate	V–IX	Busch	Dauerblüher; wüchsig und ausladend	D: 2 × wöchentlich; G: gleichmäßig feucht halten, verbraucht viel Wasser; W: h 5–12 °C
Schönmalve *Abutilon*-Hybriden	◑	4–5 Monate	IV–XI	Busch	rot blühende Sorten	D: 14-tägig; G: gleichmäßig feucht halten; W: h 12–20 °C
Springbrunnenpflanze *Russelia equisetiformis*	○	3–4 Monate	V–VIII	Hängepflanze	Dauerblüher; schmale Blütenröhren	D: monatlich; G: gleichmäßig feucht halten, verträgt Trockenheit; W: h 8–15 °C

D = Düngen; G = Gießen; W = Winter; h = hell; d = dunkel; ○ = Sonne; ◑ = Halbschatten; ● = Schatten

Name	Standort	Blüten-dauer	Blüte-zeitraum	Wuchs-form	Bemerkungen	Pflegetipps
Strauchförmige Silber-eiche *Grevillea rosmarinifolia*	○	4–6 Wochen	IV–VI	Busch	nadelartige Blätter, exotische Blüten; Nachblüte im Herbst möglich	D: 14-tägig; G: gleich-mäßig feucht halten; W: h 8–15 °C
Südseemyrte *Leptospermum scopa-rium*	○	2–3 Monate	IV–VII	Busch	Dauerblüher; nadel-artiges Laub; rote und rosafarbene Sorten	D: 14-tägig; G: gleich-mäßig feucht halten, keine Trockenheit; W: h 5–12 °C
Trompetenblume *Campsis radicans*	○	3–4 Wochen	VI–VII	Kletter-pflanze	orange-rote Blüten in dichten Büscheln	D: wöchentlich; G: gleichmäßig feucht halten, verbraucht viel Wasser; W: h/d 0–10 °C
Zylinderputzer *Callistemon citrinus*	○	2 × 2–3 Wochen	V–VI/ VIII–IX	Busch	exotische Blüten, die an Lampenputzer erinnern	D: 14-tägig; G: gleich-mäßig feucht halten, verbraucht viel Wasser; W: h 5–12 °C

D = Düngen; G = Gießen; W = Winter; h = hell; d = dunkel; ○ = Sonne; ◖ = Halbschatten; ● = Schatten

Pflege im Sommer: Trotz der schmalen Blätter, die vortäuschen, nur wenig Wasser zu verdunsten, brauchen die kleinen Australier immer einen feuchten Wurzelballen, damit sie nicht die Blätter abwerfen. **Pflege im Winter:** Ein heller Platz bei 8 bis 15 °C ist ideal. **Verwendung:** Während der Blüte sollte man die Exoten in den Vordergrund rücken. Danach fügen sie sich gerne in die „breite Masse" ein, z. B. als Gesellschaft von Zwerg-Nadelgehölzen in Schalen oder Töpfen.

Brasilianische Guave (Acca sellowiana)

Diese Multitalente bieten einfach alles: Attraktives, graues Laub, wunderschöne rot-weiße Blüten und leckere, birnengroße Früchte im Herbst.

Pflege im Sommer: Halten Sie die Erde konstant leicht feucht und düngen Sie wöchentlich.
Pflege im Winter: Hell bei 5-10 °C aufstellen.
Verwendung: Mit ihrer etwa vier Wochen andauernden Blüte stimmt uns die Brasilianische Guave, auch Feijoa genannt, auf den nahenden Sommer ein.

mit Sonne und Schatten Gestalten

Nur selten sind die standörtlichen Gegebenheiten auf Balkon und Terrasse perfekt. Wo den einen zu viel Sonne und Hitze plagt, sehnt sich der andere nach einem Lichtblick inmitten all des Schattens. Doch für jede Situation gibt es die passenden mediterranen Kübelpflanzen, man muss sie nur kennen (lernen) und gemäß ihrer Ansprüche in Szene setzen.

Gestaltungsvorschlag Sonne

<u>Blütenpflanzen:</u>

Blauer Kartoffelstrauch (*Lycianthes rantonnetii*); Halbstamm

Bleiwurz (*Plumbago auriculata*)

Oleander (*Nerium oleander*)

Schmucklilie (*Agapanthus*); zugleich Blattschmuck

Zistrose (*Cistus*); zugleich Duft

<u>Frucht- oder Nutzpflanzen:</u>
Feige (*Ficus carica*)

Granatapfel (*Punica granatum*)

Kapernstrauch (*Capparis spinosa*)

Olive (*Olea europaea*)

Zitrus (*Citrus*); zugleich Duft

<u>Duftpflanzen:</u>
Echter Jasmin (*Jasminum officinale*)
Klebsame (*Pittosporum tobira*)
Lavendel (*Lavandula angustifolia*)
Myrte (*Myrtus communis*)
Rosmarin (*Rosmarinus officinalis*)

<u>Blattschmuck- oder Formschnittpflanzen:</u>
Hanfpalme (*Trachycarpus fortunei*)

Lorbeer (*Laurus nobilis*); Halbstamm

Zwergpalme (*Chamaerops humilis*)

<u>Kletterpflanzen:</u>
Drillingsblume (*Bougainvillea*-Hybride)

<u>Winterharte Kübelpflanzen (Immergrüne):</u>
Rosen-Arten (*Rosa spec.*)
<u>Exotische Zwiebelblumen:</u>
Lilien-Arten (*Lilium spec.*)

Für jeden Standort die richtige Pflanze

Wo Licht ist, ist auch Schatten

Zwar braucht jede Pflanze Sonnenlicht zum Gedeihen. Doch auf südexponierten Balkonen und Terrassen kann sich die wohltuende Wirkung der Sonne rasch ins Gegenteil verkehren. Die Erde in den Pflanzgefäßen ist binnen weniger Stunden völlig ausgedörrt, die Blätter hängen schlaff herab, die Blütenknospen rieseln zu Boden. Stellt man die Pflanzen im Frühjahr aus dem Winterquartier heraus direkt in die Sonne, können Blattverbrennungen die Folge sein. Groß- und weichblättrige Arten können sich auch im Hochsommer einen Sonnen-

Nur bei vollsonnigen Standorten entfalten Drillingsblumen ihre volle Pracht.

Kübelpflanzen, die volle Sonne und Hitze vertragen

Name	Blüten-farbe	Blüten-dauer	Blüte-zeitraum	Wuchs-form	Höhe in m	Bemerkungen	Pflegetipps
Amerikanische Agave *Agave americana*	gelb	2–3 Monate (einmalig)	VI–VIII	Sukku-lente	1–3	grün- und bunt-laubige Sorten; Blüte im Alter	D: monatlich; G: trocken halten; W: h 5–12 °C
Australischer Rosmarin *Westringia fruticosa*	weiß/violett	2–3 Monate	IV–VI/VIII–IX	Busch	1–2	graues Laub; reich blühend	D: 14-tägig; G: gleich-mäßig feucht halten, verträgt Trockenheit; W: h 5–12 °C
Bleiwurz *Plumbago auriculata*	weiß/blau	6–8 Wochen	V–X	Kletter-pflanze	1,5–3	sehr reich blühend	D: wöchentlich; G: gleichmäßig feucht halten; W: h/d 0–10 °C
Brasilianische Guave *Acca sellowiana*	weiß-rot	3–4 Wochen	V–VI	Busch	2–3	graues Laub; attraktive Blüten, essbare Früchte	D: 14-tägig; G: gleich-mäßig feucht halten; W: h 5–12 °C
Dattelpalme *Phoenix canariensis*	gelb	i.d.R. keine Blüte	i.d.R. keine Blüte	Palme	2–5	tief gespaltene Wedel	D: 14-tägig; G: gleich-mäßig feucht halten, verträgt Trockenheit; W: h 5–12 °C
Drillingsblume *Bougainvillea*-Hybriden	divers	mehr-mals 3–4 Wochen	V–X	Kletter-pflanze	2–5	hohe Leucht-kraft	D: 14-tägig; G: in größeren Abständen reichlich gießen; W: h 12–20 °C
Erdbeerbaum *Arbutus unedo*	weiß	2–3 Wochen	VII–IX	Busch	2–3	dekorative und essbare Früchte	D: 14-tägig; G: gleich-mäßig feucht halten, keine Staunässe; W: h 5–12 °C
Granatapfel *Punica granatum*	rot	2–3 Monate	VI–VIII	Busch	0,5–3	Zier- und Frucht-formen	D: 14-tägig; G: gleich-mäßig feucht halten; W: h/d 5–12 °C
Kapernstrauch *Capparis spinosa*	weiß-violett	2–3 Wochen	VI–VIII	Busch; über-hängend	0,5–1	attraktive Blüten; essbare Blütenknospen	D: monatlich; G: trocken halten; W: h 5–12 °C
Mastix-Strauch *Pistacia lentiscus*	rot	3–4 Wochen	V–VI	Busch	1,5–3	herb-würziger Duft der Blätter bei Sonnen-schein	D: 14-tägig; G: gleich-mäßig feucht halten, keine Staunässe; W: h 5–12 °C
Mönchspfeffer *Vitex agnus-castus*	blauvio-lett	2–3 Wochen	VIII–X	Busch	2–3	würzig-herber Duft der Blätter	D: 14-tägig; G: gleich-mäßig feucht halten, verträgt Trockenheit; W: h/d 0–10 °C
Myrte *Myrtus communis*	weiß	4–6 Wochen	VI–X	Busch	1–2	würziger Duft der Blätter	D: 14-tägig; G: gleich-mäßig feucht halten; W: h 5–12 °C

D = Düngen; G = Gießen; W = Winter; h = hell; d = dunkel

Name	Blüten- farbe	Blüten- dauer	Blüte- zeitraum	Wuchs- form	Höhe in m	Bemerkungen	Pflegetipps
Neuseeländer Flachs *Phormium tenax*	braun	3–4 Wochen	VIII–X	Horst	1,5–2	Blattschmuck- pflanze; grün-, rot- und bunt- laubige Sorten	D: 14-tägig; G: gleich- mäßig feucht halten, verträgt Trockenheit; W: h 5–12 °C
Oleander *Nerium oleander*	divers	6–8 Wochen	VI–IX	Busch	2–4	große Auswahl an Blütenfarben	D: 2 × wöchentlich; G: gleichmäßig feucht halten, verbraucht viel Wasser; W: h 5–12 °C
Olive *Olea europaea*	gelb	3–4 Wochen	V–VI	Busch/ Baum	2–4	graues Laub; dekorative, ölhaltige Früchte	D: 14-tägig; G: gleich- mäßig feucht halten, verträgt Trockenheit; W: h 0–10 °C
Paradiesvogelbusch *Caesalpinia gilliesii*	rot-gelb	3–4 Wochen	VII–VIII	Busch	1,5–2,5	exotische Blüten mit langen, roten Staub- fäden	D: 14-tägig; G: gleich- mäßig feucht halten; W: h 5–12 °C
Rauschopf-Arten *Dasylirion* spec.	weiß	6–8 Wochen	VI–VIII	Horst	0,5–1,5	z. T. bewehrte Blätter, die sich zu einer Halb- kugel formieren	D: 14-tägig; G: trocken halten; W: h 5–12 °C
Rosmarin *Rosmarinus officinalis*	blauvio- lett	3–4 Wochen	III–IV	Busch	0,5– 2,5	Nachblüte im Spätsommer möglich	D: wöchentlich; G: gleichmäßig feucht halten; W: h 5–12 °C
Schmucklilie *Agapanthus*	weiß/blau	3–4 Wochen	VI–VIII	Horst	0,5– 1,2	riemenförmiges Laub in Horsten; lang gestielte Blütenbälle	D: 14-tägig; G: trocken halten; W: h 0–10 °C
Südseemyrte *Leptospermum scopa- rium*	rot/rosa	2–3 Monate	IV–VII	Busch	1–2	Dauerblüher; nadelartiges Laub	D: 14-tägig; G: gleich- mäßig feucht halten, keine Trockenheit; W: h 5–12 °C
Zwergpalme *Chamaerops humilis*	gelb	i.d.R. keine Blüte	i.d.R. keine Blüte	Palme	1–2	buschig wach- sende Palme mit vielen Seiten- trieben	D: 14-tägig; G: gleich- mäßig feucht halten, verträgt Trockenheit; W: h 5–12 °C
Zylinderputzer *Callistemon citrinus*	rot	2 × 2–3 Wochen	V–VI/ VIII–IX	Busch	2–3	exotische Blüten, die an Lampenputzer erinnern	D: 14-tägig; G: gleich- mäßig feucht halten, verbraucht viel Wasser; W: h 5–12 °C

D = Düngen; G = Gießen; W = Winter; h = hell; d = dunkel

brand holen, der das Laub fleckig werden lässt. Pflanzen mit hartem, schmalem, grauem oder behaartem Laub sind dagegen natürlicherweise gegen hohe Sonneneinstrahlung und Trockenheit geschützt.

Der Schatten blüht auf

Selbst volle Sonne liebende Kübelpflanzen gehen an schattigen Plätzen nicht gleich ein. Sie kümmern oft noch nicht einmal. Doch sie blühen und fruchten meist weniger als ihre Kollegen auf den Sonnenplätzen. Es gibt allerdings auch zahlreiche Arten, die ihren Energiehaushalt auf eine geringe Lichtausbeute einstellen können und selbst im Schatten zum Blühen kommen. Sie haben meist ein tief dunkelgrünes Laub, das es ihnen erlaubt, mit Hilfe der Photosynthese

Gestaltungsvorschlag Schatten

Blütenpflanzen:

 Engelstrompete (*Brugmansia*-Hybride); Duftpflanze

 Fuchsie (*Fuchsia*-Hybriden)
Mittelmeerschneeball (*Viburnum tinus*)

Schönmalve (*Abutilon*-Hybriden)

Frucht- oder Nutzpflanzen:

 Johannisbrotbaum (*Ceratonia siliqua*)

 Natalpflaume (*Carissa macrocarpa*)

Wollmispel (*Eriobotrya japonica*)

Duftpflanzen:

 Duftblüte (*Osmanthus fragrans*)
Orangenblume (*Choisya ternata*)
Zitronenstrauch (*Aloysia triphylla*)

Blattschmuck- oder Formschnittpflanzen:

 Elefantenohr (*Alocasia macrorrhiza*)

Heiliger Bambus (*Nandina domestica*)

Ionischer Liguster (*Ligustrum delavayanum*);

Kirschmyrte (*Syzygium paniculatum*);

Klebsame (*Pittosporum tobira*);

Peruanischer Pfefferbaum (*Schinus molle*)

Kletterpflanzen:
 Himmelsblume (*Thunbergia grandiflora*)
Sternjasmin (*Trachelospermum jasminoides*)
Winterharte Kübelpflanzen (Immergrüne):
Buchs (*Buxus sempervirens*); Kugel

 Kirschlorbeer (*Prunus laurocerasus*); Kugel

Exotische Zwiebelblumen:

 Hakenlilie (*Crinum × powellii*)

Schopflilie (*Eucomis bicolor*)

Schattenkünstler

Name	Blüten-farbe	Blüten-dauer	Blüte-zeitraum	Wuchs-form	Bemerkungen	Pflegetipps
Aucube *Aucuba japonica*	rötlich	2–3 Wochen	III–IV	Busch	Fruchtschmuck- und Blattschmuckpflanze	D: 14-tägig; G: gleich-mäßig feucht halten; W: h 0–10 °C
Fuchsie *Fuchsia*-Hybriden	rosa, rot, weiß	3–4 Monate	V–IX	Busch	Dauerblüher; zahlreiche Sorten	D: wöchentlich; G: gleichmäßig feucht halten; W: h 5–12 °C
Hanfpalme *Trachycarpus fortunei*	gelb	(i.d.R. keine Blüte)	(i.d.R. keine Blüte)	Palme	Blattschmuckpflanze	D: 14-tägig; G: gleich-mäßig feucht halten, verträgt Trockenheit; W: h 0–10 °C
Heiliger Bambus *Nandina domestica*	weiß	3–4 Wochen	VI–VII	Busch	Fruchtschmuck- und Blattschmuckpflanze (rote Herbstfärbung)	D: 14-tägig; G: gleich-mäßig feucht halten, verträgt Trockenheit; W: h 0–10 °C
Ionischer Liguster *Ligustrum dela-vayanum*	weiß	3–4 Wochen	V–VII	Busch	Formschnittpflanze	D: 14-tägig; G: gleich-mäßig feucht halten; W: h 5–12 °C
Kampferbaum *Cinnamomum cam-phora*	weiß	2–3 Wochen	VI–VII	Busch/Baum	Blattschmuckpflanze	D: 14-tägig; G: gleich-mäßig feucht halten; W: h 5–12 °C
Kirschmyrte *Syzygium paniculatum*	weiß	3–4 Wochen	V–VI	Busch	Fruchtschmuck- und Formschnittpflanze	D: 14-tägig; G: gleich-mäßig feucht halten, verträgt Trockenheit; W: h 5–12 °C
Klebsame *Pittosporum tobira*	gelb-weiß	3–4 Wochen	II–III/IX–XI	Busch	Duft-, Blattschmuck- und Formschnittpflanze	D: 14-tägig; G: gleich-mäßig feucht halten; W: h 5–12 °C
Lorbeer *Laurus nobilis*	gelb	3–4 Wochen	IV–V	Busch	Duft- und Formschnitt-pflanze	D: 14-tägig; G: gleich-mäßig feucht halten, verträgt Trockenheit; W: h/d 5–12 °C
Mexikanische Orangen-blume *Choisya ternata*	weiß	2–3 Wochen	V–VI	Busch	Duftpflanze	D: 14-tägig; G: gleich-mäßig feucht halten; W: h 0–10 °C
Mittelmeerschneeball *Viburnum tinus*	weiß	3–4 Wochen	II–III/IX–XI	Busch	Fruchtschmuckpflanze	D: 14-tägig; G: gleich-mäßig feucht halten, verträgt Trockenheit; W: h 0–10 °C
Natalpflaume *Carissa macrocarpa*	weiß	3–4 Monate	V–VIII	Busch	Duft- und Frucht-pflanze; Einzelblüten	D: 14-tägig; G: gleich-mäßig feucht halten, verträgt Trockenheit; W: h 5–12 °C

D = Düngen; G = Gießen; W = Winter; h = hell; d = dunkel

Name	Blüten-farbe	Blüten-dauer	Blüte-zeitraum	Wuchs-form	Bemerkungen	Pflegetipps
Sternjasmin *Trachelospermum jasminoides*	weiß	4–6 Wochen	VI–VII	Kletter-pflanze	Duftpflanze	D: 14-tägig; G: gleich-mäßig feucht halten, verträgt Trockenheit; W: h 5–12 °C
Wollmispel *Eriobotrya japonica*	weiß	2–3 Wochen	VIII–X	Baum	Frucht- und Blatt-schmuckpflanze	D: 14-tägig; G: gleich-mäßig feucht halten; W: h 5–12 °C
Zickzackstrauch *Corokia cotoneaster*	gelb	2–3 Wochen	III–IV	Busch	Duftpflanze mit Zick-Zack-Wuchs	D: 14-tägig; G: mäßig feucht halten; W: h 5–12 °C
Zier-Banane *Musa basjoo/Ensete ventricosum*	rot	3–4 Wochen	VI–VIII	Staude	Blattschmuckpflanze; Blüte einmalig	D: 14-tägig; G: gleich-mäßig feucht halten; W: *Musa basjoo:* h 5–12 °C; *Ensete* und andere Bananen: h 8–20 °C
Zitronenstrauch *Aloysia triphylla*	weiß	3–4 Wochen	VI–VIII	Busch	Duftpflanze	D: 14-tägig; G: gleich-mäßig feucht halten; W: h 5–12 °C

D = Düngen; G = Gießen; W = Winter; h = hell; d = dunkel

reichlich Energie zu gewinnen. Die Blattgröße beträgt oft ein Vielfaches der Sonnenkinder oder die Blätter sind so zahlreich, dass die Blattober-fläche zusammen genommen viele Quadratmeter beträgt.

Der Klebsame kann einfach alles: Die gelb-weißen Blüten, die in dichten Dolden beisammen stehen, duften verführerisch. Die Blätter glänzen im Licht und die Krone lässt sich jederzeit in Form schneiden.

59

aus dem Süden Kulinarisches

Dass einem die Zitronen in den Mund wachsen und zum Reinbeißen süße Feigen am Baum hängen, kann auf dem mediterranen Balkon Wirklichkeit werden. Selbst auf einen kleinen Gemüsegarten muss niemand verzichten. Probieren Sie es selbst mit Hilfe der Pflanzen- und Pflegetipps der nächsten Seiten.

Süße Früchtchen

Blütenpflanzen stehen zwar ganz oben auf der Beliebtheitsskala der Balkon- und Terrassenbesitzer. Doch der Genuss selbst kultivierter, exotischer Früchte ist ein echter Höhepunkt des mediterranen Lebensgefühls. Vor allem dann, wenn Nutzpflanzen wie die Brasilianische Guave (*Acca sellowiana*), der Erdbeerbaum (*Arbutus unedo*) oder der Granatapfel (*Punica granatum*) obendrein mit attraktiven Blüten aufwarten. Ihrem Ruf, kompliziert zu sein und in unserem Klima keine Früchte zu tragen, werden die meisten von ihnen nicht gerecht. Zwar darf man keine Riesen-

Ernten erwarten, doch eine frische Zitrone hier oder eine fruchtige Wollmispel da genügen, um die kulinarischen Erinnerungen an den letzten Urlaub auch dann wach zu halten, wenn man schon längst wieder auf „Balkonien" zu Hause ist.

Mediterrane Fruchtpflanzen für Balkon und Terrasse

Zitruspflanzen (Citrus)

Neben Zitronen, Orangen und Mandarinen bietet die große Gattung der Zitrusgewächse viele Kostbarkeiten. Sie reichen von Kumquats (*Fortunella*-Arten), deren saure Früchte man mitsamt der süßen Schale verzehrt, bis hin zu Sauren Limetten (*Citrus aurantiifolia*), die mit ihren Fruchtscheiben Cocktails ein säuerliches Aroma verleihen und deren Glasränder zieren. Die Blüten aller Zitruspflanzen duften ebenso intensiv wie die Blätter, denen die Sonne oder zartes Reiben ihr Aroma entlockt. Sie werden im Freiland von Insekten bestäubt und brauchen keinen Partner. **Pflege im Sommer:** Von der Pomeranze (*C. aurantium*) bis zur Mittel-

Auch wenn in unserem Klima die Früchte nicht riesig werden, haben sie und die orangeroten Blütenglocken des Granatapfels klassisch mediterranen Schmuckwert.

meer-Mandarine (*C. deliciosa*) lieben alle einen sonnigen Standort. Gießen Sie in größeren Abständen, dann aber reichlich mit kalkarmem Wasser. Staunässe ist der größte Feind aller Zitrusgewächse. Spezielle Zitrusdünger sichern die Nährstoffversorgung. **Pflege im Winter:** Die immergrünen Pflanzen brauchen einen sehr hellen Standort mit Temperaturen zwischen 5 und 15 °C. **Verwendung:** Die leuchtenden Früchte sind nicht nur ein kulinarischer, sondern auch ein optischer Genuss, der in keiner Kübelpflanzensammlung fehlen sollte. Für ein bis zwei Exemplare sollte immer Platz sein.

Wollmispel
(Eriobotrya japonica)

Das große, unterseits weißfilzig überzogene Laub macht die Wollmispel das ganze Jahr über zu einer attraktiven Blattschmuckpflanze. Im Herbst zeigt sie ihre wollig-weißen Blüten, denen bis zum folgenden Sommer mirabellenähnliche Früchte mit frisch-fruchtigem Geschmack folgen. **Pflege im Sommer:** Die Ostasiaten gedeihen auch in den Händen eines Kübelpflanzen-Einsteigers bei täglichem Gießen im Hochsommer und durchlässiger Erde bestens. **Pflege im Winter:** Ein sehr heller Platz ist für die Immergrünen entscheidend, damit es nicht zum Laubfall kommt. **Verwendung:** Mit ihren imposanten Kronen sind Wollmispeln willkommene Überhälter und Schattenspender.

Eine mediterrane Terrasse ohne Zitruspflanzen – undenkbar! Die Multitalente mit ihren duftenden Blüten, aromatischen Blättern und saftigen Früchten muss man einfach haben.

Wollmispeln reifen nach der herbstlichen Blüte bis zum Sommer heran. Sie sind ein fruchtig-frischer Genuss, der unter den heimischen Früchten seinesgleichen sucht.

Feige (Ficus carica)

Wildfeigen sind auf die komplizierte Bestäubung durch eine spezielle Gallwespenart angewiesen. Gärtnerisch kultivierte Feigen-Sorten hingegen sind selbstfruchtbar und tragen schon vom zweiten Jahr an zuverlässig Früchte. **Pflege im Sommer:** Die schnellwüchsigen und ausladenden Pflanzen mit den handförmigen Blättern, von denen keines dem anderen gleicht, nehmen kurzfristige Trockenheit nicht übel. **Pflege im Winter:** Das Laub wird im Herbst natürlicherweise abgeworfen, so dass Feigen dunkel und gerade frostfrei überwintern können. **Verwendung:** An einer geschützten Stelle (z. B. vor einer Südwand) in durchlässigen Boden ausgepflanzt, sind Feigen sogar gartentauglich.

Feigen sind wüchsige Bäume, die meist schon ab dem zweiten Lebensjahr Früchte tragen. Eine kleine, aber feine Ernte ist Ihnen auf Balkon und Terrasse jedes Jahr sicher.

Olive (Olea europaea)

Zum Olivenöl-Pressen reicht die eigene Ernte zwar meist nicht, doch die Früchte, deren Färbung sortenabhängig ist, sehen zwischen dem grauen Laub der anspruchslosen Bäume oder Halbstämme in jedem Fall attraktiv aus. **Pflege im Sommer:** Staunässe ist der einzige Feind der Olive. Bis zum nächsten Gießen sollte der Wurzelballen deshalb gut abtrocknen. **Pflege im Winter:** Die immergrünen Charakterpflanzen des Mittelmeerraums brauchen einen hellen Platz bei 0 bis 10 °C. **Verwendung:** Da sich das graue Laub vor einer weißen Wand optisch nicht durchsetzen kann, sollten Sie Oliven vor dunklem Hintergrund platzieren.

Kakipflaume (Diospyros kaki)

Die orangefarbenen, glattschaligen Früchte der Sorte 'Sharon' findet man im Winter zuweilen in den Obstregalen angeboten. Versuchen Sie doch einmal, einen der Laubbäume selbst zu kultivieren, auf dessen Frühjahrsblüten im Herbst die reifen Leckerbissen folgen! **Pflege im Sommer:** Achten Sie schon beim Kauf darauf, dass die Pflanzen veredelt sind, denn sie tragen die besten Früchte. **Pflege im**

Exotische Fruchtpflanzen für Balkon & Terrasse

Name	Blüte	Frucht-reife	Frucht	Stand-ort	Wuchs-form	Höhe in m	Bemerkungen	Pflegetipps
Brasilianische Guave *Acca sellowiana*	rot-weiß; V–VI	Spät-sommer	gelb; mira-bellengroß; frisch-fruchtig	○	Busch	2–3	attraktive Blüten; graulaubig; Fremdpollen von Vorteil, aber nicht zwingend; pflege-leicht	D: 14-tägig; G: gleichmäßig feucht halten; W: h 5–12 °C
Chinesische Dattel *Ziziphus jujuba*	grünlich; V–VI	Spät-sommer	gelb-braun; olivengroß; apfelartig–mehlig	○	Baum	3–5	Früchte werden als Trockenobst oder kandiert gegessen	D: 14-tägig; G: gleichmäßig feucht halten; W: h/d 5–12 °C
Echter Wein *Vitis vinifera*	grün-gelb; V–VI	Spät-sommer	grüne oder violette Beeren in Trauben	○	Kletter-pflanze	2–5	gedeiht in Pflanz-gefäßen hervor-ragend und trägt sicher Früchte	D: wöchentlich; G: gleichmäßig feucht halten; W: h –10 °C
Erdbeerbaum *Arbutus unedo*	weiß; VIII–IX	Sommer des Folge-jahres	rot; erdbeer-ähnlich; süß-mehlig	○–◑	Busch	2–3	attraktive Blüten-trauben; Früchte ab 3. bis 5. Lebens-jahr; kein Fremd-pollen nötig	D: 14-tägig; G: gleichmäßig feucht halten, keine Staunässe; W: h 5–12 °C
Erdbeer-Guave *Psidium littorale*	weiß; IV–VI	Spät-sommer	rot; kirsch-groß; süß-säuerlich	○	Busch/Baum	2–4	kein Fremdpollen nötig	D: 14-tägig; G: gleichmäßig feucht halten; W: h 8–15 °C
Feige *Ficus carica*	keine Blüte	Sommer	grün oder violett; süß	○	Baum	2–4	interessantes, sommergrünes Laub; pflegeleicht; keine Befruch-tung (Vorfrüchte)	D: 14-tägig; G: gleichmäßig feucht halten; W: h/d 0–10 °C
Granatapfel *Punica granatum*	rot; VI–VIII	Sommer des Folge-jahres	rot; apfel-groß; Samen in Frucht-fleisch-Mantel gehüllt	○	Busch	2–3	attraktive Blüten; kein Fremdpollen nötig; pflegeleicht	D: 14-tägig; G: gleichmäßig feucht halten; W: h/d 5–12 °C
Johannisbrot-baum *Ceratonia siliqua*	gelb/rot; V–XI	Spät-sommer	Hülsen; süßes Mark	○–◑	Busch	2–3	kein Fremdpollen nötig	D: 14-tägig; G: gleichmäßig feucht halten; W: h 5–12 °C
Kakipflaume *Diospyros kaki*	gelb; VI–VII	Sommer des Folge-jahres	orange; fruchtig-süß	○	Baum	2–5	Laub abwerfende Bäume; Früchte ab 3. bis 4. Jahr nach Veredlung	D: wöchentlich; G: gleichmäßig feucht halten; W: h/d 5–12 °C
Mandelbaum *Prunus dulcis*	rosa; III–V	Sommer	Nuss	○	Baum	2–4	frühe Blüte im Frühjahr vor Frost schützen	D: 14-tägig; G: gleichmäßig feucht halten; W: h 5–12 °C

D = Düngen; G = Gießen; W = Winter; h = hell; d = dunkel; ○ = Sonne; ◑ = Halbschatten; ● = Schatten

Name	Blüte	Frucht-reife	Frucht	Stand-ort	Wuchs-form	Höhe in m	Bemerkungen	Pflegetipps
Natalpflaume *Carissa macrocarpa*	weiß; V–VIII	Spät-sommer	rot, eigroß; süßlich-sauer	◗	Busch	2–3	bewehrte Gift-pflanze; nur die Früchte sind essbar; kein Fremdpollen nötig	D: 14-tägig; G: gleichmäßig feucht halten, verträgt Trocken-heit; W: h 5–12 °C
Olive *Olea europaea*	gelb; V–VII	Spät-sommer	grün oder violett; ölhaltig	○	Baum	2–4	graues Laub; selbst fruchtbare und nicht selbst fruchtbare Sorten; pflegeleicht	D: 14-tägig; G: gleichmäßig feucht halten, verträgt Trocken-heit; W: h 0–10 °C
Passionsblume z. B. *Passiflora edulis, P. quadrangularis, P. alata*	divers; V–VIII	Sommer	divers; süß-fruchtiger Samen-mantel	○	Kletter-pflanze	2–4	große Sortenviel-falt; viele davon mit essbaren Früchten; Bestäu-bung per Pinsel ratsam	D: 14-tägig; G: gleichmäßig feucht halten; W: h/d 8–15 °C
Wollmispel *Eriobotrya japonica*	weiß; VIII–X	Früh-sommer des Folge-jahres	gelb; mira-bellengroß; frisch-fruchtig	○–◗	Baum	2–5	auch Blatt-schmuckpflanze; kein Fremdpollen nötig; pflegeleicht	D: 14-tägig; G: gleichmäßig feucht halten; W: h 5–12 °C
Zitrus-Arten z. B. *Citrus* spec., *Fortunella* spec.	weiß ; ganz-jährig	6 bis 24 Monate nach der Blüte	gelb oder orange; süß, sauer oder bitter, z. T. saftig	○	Busch/Baum	1–3	große Arten- und Sorten-Vielfalt; duftende Blüten; bewehrte Zweige; kein Fremdpollen nötig; Veredlun-gen bevorzugen	D: wöchentlich; G: in größeren Abständen reich-lich gießen, keine Staunässe; W: h 5–15 °C

D = Düngen; G = Gießen; W = Winter; h = hell; d = dunkel; ○ = Sonne; ◗ = Halbschatten; ● = Schatten

Winter: Die Laub abwerfenden Bäume können dunkel bei 5 bis 12 °C überwintern. **Verwendung:** Da Kakipflaumen mit den Jahren stattliche Kronen entwickeln, sollten sie als Solitärbäume eingesetzt werden.

Chinesische Datteln (siehe Tabelle Seite 65) erinnern im Geschmack an Äpfel. Die schlanken, grauborkigen Bäume spenden mit ihren Fiederblät-tern angenehm lichten Schatten.

Gemüse-Ernte ohne Garten

Artischocken, Cardy, Zucchini sind Namen, die untrennbar mit der mediterranen Küche verbunden sind. Wie gut, dass man viele von ihnen auch auf Balkon und Terrasse kultivieren kann. Geschützte Plätze in Hausnähe sind geradezu ideal, da sie den hohen Temperaturansprüchen dieser Kulturen gerecht werden. Vor einer windgeschützten Südwand fängt sich die Wärme, die auch nachts die Pflanzen umschmeichelt.

Bieten Sie starkwüchsigen Arten wie Melonen und Zucchini mit ihren meterlangen Trieben oder den stattlichen Artischocken und Cardy großzügige Pflanzgefäße an, damit sie den ganzen Sommer über reichlich mit Wasser und Nährstoffen versorgt werden können. Rankgitter geben den Trieben von Kürbissen Halt. Auch für Tomaten sollten Sie reichlich Platz einkalkulieren und Stützstäbe vorsehen. Paprika und Salate wie Rucola oder

Leckerbissen auf kleinstem Raum: Paprika, Wein, Heidelbeeren, Ballerina-Äpfel und vieles mehr lässt sich in Töpfen auf Balkon und Terrasse kultivieren.

Salbei ist ein ebenso willkommener Gast im Kräutergarten wie Lavendel und Rosmarin. Hauswurz, Immergrün und Steinbrech begleiten ihn in Tontöpfen.

Tomaten gehören in jedes mediterrane Gericht oder frische Sommersalate – doppelt lecker, wenn sie dabei aus eigener Ernte stammen.

Zucchinis schmecken am besten, wenn sie 15 bis 20 cm lang geerntet werden. Eine frühe Ernte regt die stark-zehrenden Pflanzen zu immer neuen Blüten und Früchten an.

Ob Gemüse- oder Gewürz-paprika – ein paar Schoten aus eigener Ernte sind das i-Tüpfelchen eines jeden Pasta-Gerichts.

Südländisches Gemüse für Balkon und Terrasse

Name	Standort	Höhe	Ernte	Pflege	Bemerkungen
Artischocke *Cynara scolymus*	○	150–200 cm	Blüten-böden	gleichmäßig feucht halten; jede Woche düngen; frostfrei überwintern	distelartige, imposante Pflanzen; kurzlebig (3 bis 4 Jahre)
Cardy *Cynara cardunculus*	○	100–150 cm	Blattstiele	gleichmäßig feucht halten; jede Woche düngen; frostfrei überwintern	distelartige, imposante Pflanzen; kurzlebig (3 bis 4 Jahre)
Melone *Cucumis melo*	○	200–300 cm	Früchte	gleichmäßig feucht halten; jede Woche düngen; warmer, geschützter Standort	einjährig; zahlreiche Sorten von Zucker- und Wassermelonen; Pflanzen und Früchte vor Nässe schützen
Paprika *Capsicum annuum*	○	60–80 cm	Schoten	gleichmäßig feucht halten; alle 7 bis 14 Tage düngen; warmer Standort	einjährig; zahlreiche Sorten von Gemüse- bis Gewürzpaprika (Chili)
Radicchio *Cichorium intybus* var. *foliosum*	○–◑	20–30 cm	Blätter	mäßig gießen; alle 14 Tage düngen	meist einjähriger Salat mit attraktiven, roten Blättern
Rucola-Salat/Salatrauke *Eruca sativa*	○–◑	10–40 cm	Blätter	mäßig gießen, nährstoffreiche Erde verwenden; nicht nachdüngen	einjähriger Salat aus dem Mittelmeerraum; Blätter einzeln ernten
Tomate *Lycopersicon esculentum*	○–◑	50–200 cm	Früchte	regelmäßig gießen, alle 2 bis 3 Wochen düngen; warmer Standort	einjährig; zahlreiche Sorten; je Pflanze sollten nur 3 bis 4 Fruchtstände zugleich heranreifen
Zucchini *Cucurbita pepo* var. *goromonttina*	◑	200–300 cm	Früchte	gut feucht halten; wöchentlich düngen; Triebe an Kletterhilfen aufleiten	einjährig; Früchte schmecken am besten mit 15 bis 20 cm Länge

○ = Sonne; ◑ = Halbschatten; ● = Schatten

Radicchio kommen dagegen auch in Kästen oder kleineren Einzeltöpfen gut zurecht, sofern man auch sie täglich versorgt und pflegt.

Gerade für Singles ist der Gemüsegarten im Topf ideal, denn er bietet Mini-Portionen, die für je eine Mahlzeit reichen. Muten Sie den Pflanzen jedoch nicht zu viel zu. Setzt eine Artischocke mehr als drei bis vier Blüten an, sollten Sie den Rest entfernen. Gleiches gilt für Tomaten, die weniger Früchte deutlich besser ausreifen und aromatischer werden lassen als viele Kleine. Geizen Sie deshalb die aus den Blattachseln entspringenden Seitentriebe rechtzeitig aus. Weniger ist auch hier oft mehr. Auch die Kräuterkultur in Töpfen setzt sich mehr und mehr durch. Auf diese Weise sind die Erntewege extrem kurz, wenn man seine Lieblingskräuter wie ein bisschen Oregano für die Pizza oder Basilikum für den Tomatensalat auf Balkon oder Terrasse kultiviert. Stellt man sie auf Etagèren, stehen sie uns jederzeit in bequemer Ernte-Höhe zur Verfügung.

Kompositionen
aus Blättern und Blüten

Faszinierend schöne Blüten sind längst nicht alles, was mediterrane Kübelpflanzen zu bieten haben. Lassen Sie sich verführen vom Duft ihrer Blüten, ihren Kronen- und Blattformen oder Kletterkünsten. Und wer kein Winterquartier hat, setzt auf frostfeste Arten, die den echten Südländern täuschend ähnlich sind.

Immer der Nase nach

Schöne Erinnerungen verbinden wir nicht nur mit optischen und akustischen Eindrücken. Auch über die Nase prägen wir uns Erlebnisse ein. Der Urlaub in der Toskana ist auf diese Weise oft eng geknüpft an die herb-würzigen Aromen der dortigen Flora: einem kräftigen Gemisch aus Zistrosen (*Cistus*), Mastixsträuchern (*Pistacia lentiscus*), Myrten (*Myrtus*) und vielen anderen, deren Duft sich in der Mittelmeersonne besonders kräftig entfaltet. Vielleicht hat es Ihnen aber auch eher der süße Duft des Echten Jasmins (*Jasminum officinale*) oder die frische Note blühender Zitruspflanzen (*Citrus*) angetan. Auf keines dieser Duft-Erlebnisse müssen Sie zu Hause verzichten.

Kombinieren Sie jedoch nicht allzu viele duftende Kübelpflanzen miteinander. Ihre Gerüche überlagern sich sonst zu merkwürdigen oder unschönen Mixturen. Zu viel Duft kann überdies bei empfindlichen Menschen

Ob Muskat-, Minze-, Erdbeer-, Pfirsich-, Apfel-, Zedern-, Zitronen-, Zimt- oder Rosenduft –
Duftpelargonien beherrschen das Repertoire aromatischer Blätter meisterhaft.

Von links nach rechts: Mit ihren wie aus Porzellan gegossenen, seidig schimmernden Blüten und dem betörend lieblichen Duft hat die Frangipani schon Urlaubern in aller Welt den Kopf verdreht.
Das süße Parfüm des Echten Jasmins braucht Platz, um sich zu entfalten. Auf zu engem Raum wird es rasch zu intensiv.
Ein leichtes Vorbeistreifen genügt, um dem Zitronenstrauch sein Aroma zu entlocken, das jede Zitruspflanze vor Neid erblassen lässt.

Düfte-Potpourri

Von den Duft-Pelargonien gibt es eine Fülle verschiedener Arten und Sorten mit unterschiedlichsten Duftrichtungen, zum Beispiel Rosen-Pelargonie (*P. capitatum* 'Attar of Roses'), Zitronen-Pelargonie (*P. crispum* 'Major'), Apfel-Pelargonie (*P. odoratissimum*).

zu Kopfschmerzen führen. Um hingegen feine Aromen unmittelbar wahrnehmen zu können, sollten Sie kleinere Pflanzen auf Etagèren in Sitzplatznähe stellen, damit sie in Nasenhöhe rücken.
Auch unter den mehrjährigen Kräutern für Balkon und Terrasse finden sich wahre Duftwunder, zum Beispiel die Minzen (*Mentha*). Apfel-Minze (*M. suavolens* 'Bowles Variety'), Ananas-Minze (*M. suavolens* 'Variegata') und Basilikum-Minze (*M. × piperita* var. *citrata* 'Basilika') geben nur einen kleinen Vorgeschmack auf ihre Vielfalt an Aromen. Wer für Zitrusdüfte schwärmt, ist neben Zitronenstrauch (*Aloysia*) und Orangenblume (*Choisya*) mit Kräutern wie dem Zitronen-Thymian (*Thymus × citriodora*) oder dem Zitronen-Bohnenkraut (*Satureja montana* subsp. *montana* var. *citrata*) bestens beraten. Nicht versäumen sollten Sie den betörenden Duft des Ananas-Salbei, (*Salvia elegans* 'Pineapple Scarlet') im Pflanzgefäß.

Duftende Kübelpflanzen

Name	Standort	Blüten-farbe und -dauer	Blüte-zeitraum	Wuchs-form	Duftnote; Duftträger	Pflegetipps
Duftblüte *Osmanthus fragrans*	○–◐	weiß; 4–6 Wochen	VIII–X	Busch	intensiv; süßlich; Blüten	D: 14-tägig; G: gleichmäßig feucht halten; W: h 5–12 °C
Duft-Geranien *Pelargonium*-Arten	○	divers; 3–4 Monate	V–IX	Busch	diverse Aromen von Moschus bis Zitrus; Blätter	D: wöchentlich; G: mäßig feucht halten; W: h 5–12 °C
Eukalyptus-Arten *Eucalyptus* spec.	○	weiß; 3–4 Wochen	VIII–IX	Busch	würzig-frisch; Altersblätter bei Zerreiben	D: wöchentlich; G: gleich-mäßig feucht halten, verbraucht viel Wasser; W: h 5–12 °C
Frangipani *Plumeria rubra*	○	rot; weiß; 2–3 Monate	VIII–X	Sukku-lente	sehr intensiv; süßlich; Blüten	D: monatlich; G: trocken halten; W: h 12–20 °C
Echter Jasmin *Jasminum officinale*	○	weiß; 3–4 Wochen	VI–IX	Kletter-pflanze	sehr intensiv; süßlich; Blüten	D: wöchentlich; G: gleich-mäßig feucht halten; W: h 5–12 °C
Kerzenstrauch *Senna didymobotrya*	○	gelb; 3–4 Monate	V–X	Busch	nach Erdnuss-butter; Blätter	D: 14-tägig; G: gleichmäßig feucht halten, keine Stau-nässe; W: h 8–15 °C
Klebsame *Pittosporum tobira*	○–◐	gelblich-weiß; 3–4 Wochen	III–VI	Busch	süßlich; Blüten	D: 14-tägig; G: gleichmäßig feucht halten; W: h 5–12 °C
Lorbeer *Laurus nobilis*	○–●	gelb; 3–4 Wochen	IV–V	Busch	herb-würzig; Blätter bei Zerreiben und Sonnenschein	D: 14-tägig; G: gleichmäßig feucht halten, verträgt Trockenheit; W: h/d 5–12 °C
Mastix-Strauch *Pistacia lentiscus*	○	rot; 3–4 Wochen	V–VI	Busch	herb-würzig; Blätter bei Sonnenschein	D: 14-tägig; G: gleichmäßig feucht halten, keine Stau-nässe; W: h 5–12 °C
Mönchspfeffer *Vitex agnus-castus*	○–◐	2–3 Wochen	VIII–X	Busch	würzig-herb; Blätter	D: 14-tägig; G: gleichmäßig feucht halten, verträgt Trockenheit; W: h/d 5–12 °C
Myrte *Myrtus communis*	○	weiß; 2–3 Wochen	VI–X	Busch	würzig-frisch; Blätter bei Zerreiben	D: 14-tägig; G: gleichmäßig feucht halten; W: h 5–12 °C
Nachtjasmin *Cestrum nocturnum*	○–◐	weiß; 4–6 Wochen	V–IX	Busch	intensiv; lieblich; Blüten	D: wöchentlich; G: gleich-mäßig feucht halten, verbraucht viel Wasser; W: h 5–12 °C

D = Düngen; G = Gießen; W = Winter; h = hell; d = dunkel; ○ = Sonne; ◐ = Halbschatten; ● = Schatten

Name	Standort	Blüten-farbe und -dauer	Blüte-zeitraum	Wuchs-form	Duftnote; Duftträger	Pflegetipps
Natalpflaume *Carissa macrocarpa*	○–◑	weiß; Einzel-blüten	V–VIII	Busch	lieblich; Blüten	D: 14-tägig; G: gleichmäßig feucht halten, verträgt Trockenheit; W: h 5–12 °C
Mexikanische Orangen-blume *Choisya ternata*	◑	weiß; 2–3 Wochen	V–VI	Busch	zarter Zitrusduft; Blüten	D: 14-tägig; G: gleichmäßig feucht halten; W: h 5–12 °C
Sternjasmin *Trachelospermum jasminoides*	○–◑	weiß; 4–6 Wochen	VI–VII	Kletter-pflanze	lieblich-zart; Blüten	D: 14-tägig; G: gleichmäßig feucht halten, verträgt Trockenheit; W: h 5–12 °C
Zickzack-Strauch *Corokia cotoneaster*	◑	gelb; 2–3 Wochen	III–IV	Busch	zart, lieblich; Blüten	D: 14-tägig; G: mäßig feucht halten; W: h 5–12 °C
Zistrosen-Arten *Cistus* spec.	○	weiß, rosa; 3–5 Monate	IV–VIII	Busch	herb-würzig; Blätter; intensiv bei Sonnenschein	D: 14-tägig; G: gleichmäßig feucht halten; W: h 5–12 °C
Zitronenstrauch *Aloysia triphylla*	○–◑	weiß; 3–4 Wochen	VI–VIII	Busch	intensiver Zitrus-duft; Blätter bei Berührung	D: 14-tägig; G: gleichmäßig feucht halten; W: h 5–12 °C
Zitrus-Arten *Citrus* spec.	○	weiß; 4–6 Wochen	IV–IX	Busch/Baum	Zitrusduft; Blüten, Blätter bei Zerreiben	D: wöchentlich; G: in größeren Abständen reichlich gießen, keine Staunässe; W: h 5–12 °C

D = Düngen; G = Gießen; W = Winter; h = hell; d = dunkel; ○ = Sonne; ◑ = Halbschatten; ● = Schatten

Zeigt her, eure Blätter

Blüten sind zwar das, was uns an der Pflanzenwelt am meisten fasziniert – doch oft ist diese Pracht nur von kurzer Dauer. Beständiger sind die Blätter der Pflanzen, die bei vielen das ganze Jahr über für Blickpunkte sorgen. Blattschmuckpflanzen bringen zudem Ruhe in die Balkon- und Ter-

Lange Zeit als „Friedhofspflanze" verpönt, erlebt der Buchs derzeit eine Renaissance – im Garten wie im Topf.

Lorbeer ist nicht nur eine herrliche Duft- und Blattschmuckpflanze. Seine Krone lässt sich durch regelmäßigen Schnitt formvollendet gestalten. Bei konsequentem Erziehungsschnitt lassen sich spiralig gedrehte oder geflochtene Stämme formen.

Bananen findet man im mediterranen Raum als imposante Blattschmuckpflanzen, die sehr rasch heranwachsen.

rassengestaltung, die angesichts allzu vieler Blüten- und Farbenfülle lebhaft oder sogar unruhig wirken kann. Doch nicht nur als Begleiter spielen Blattschmuckpflanzen ihre Vorzüge aus. Auch sie selbst können zum Hauptgestaltungselement werden. Wen einmal die Leidenschaft für Palmen oder sukkulente Pflanzen gepackt hat, der trägt mit den Jahren so viele Arten zusammen, dass für andere Pflanzen auf Balkon und Terrasse kaum noch Platz bleibt.

Blattschmuckpflanzen für Balkon und Terrasse

Palmen

Palmen vermitteln schon deshalb ein untrügliches Urlaubsgefühl, weil man sie tatsächlich nur aus den Urlaubsländern kennt. Dafür begegnen uns die imposanten Wedel am Gardasee

Von links nach rechts: Datteln sind von der Dattelpalme erst in hohem Alter und in unserem Klima auch dann nur selten zu erwarten. Doch unter ihren fein geschlitzten Wedeln nimmt man im Sommer gerne Platz.

Agaven sind ausgesprochen pflegeleichte Kübelgäste, die zu prächtigen Exemplaren heranwachsen, bevor sie sich in einer einmaligen Blüte erschöpfen. Nehmen Sie sich vor den spitzen Blattenden in Acht! Die Drachenbaum-Agave (Bild) hat keine spitzen Blattenden und Dornen.

Zwergpalmen bilden im Gegensatz zu den meisten anderen keine hohen, schlanken Stämme aus. Ihre vielen Seitenableger lassen sie buschig erscheinen.

Blattschmuckpflanzen – Bunte und Große Blätter

Name	Standort	Blütenfarbe und -zeitraum	Wuchs-form	Bemerkungen	Pflegetipps
Amerikanische Agave *Agave americana* 'Marginata'	○	gelb, einmalig im Alter	Sukku-lente	gelb-grün gestreiftes Laub	D: monatlich; G; trocken halten; W: h 5–12 °C
Aukube *Aucuba japonica* 'Variegata'/'Crotonifolia'	◖–●	rötlich, III–IV	Busch	gelb-grünes Laub	D: 14-tägig; G: gleichmäßig feucht halten; W: h 0–10 °C
Baum-Strelitzie *Strelitzia nicolai*	○–◖	blau, IX–IV	Staude	riesige Blätter, imposante Blüten	D: 14-tägig; G: gleichmäßig feucht halten; W: h 12–20 °C
Elefantenohr *Alocasia macrorrhiza*	◖–●	rot, VII–VIII	Staude	riesige Blätter	D: wöchentlich; G: gleichmäßig feucht halten; W: h 12–20 °C
Keulenlilie *Cordyline australis* 'Aureostriata'	○	weißlich, V–VII	palmen-artig	gelb-grün gestreiftes Laub, auch rotlaubige Sorten	D: monatlich; G; trocken halten; W: h 5–12 °C
Neuseeländer Flachs *Phormium tenax* 'Variegatum'	○	rötlich, V–VIII	grasartig	gelb-grün gestreiftes Laub; auch rotlaubige Sorten	D: 14-tägig; G: gleichmäßig feucht halten, verträgt Trockenheit; W: h 5–12 °C
Zier-Banane *Ensete ventricosum* 'Maurelii'	◖	rötlich, V–VIII	Staude	rot überzogene Blätter	D: 14-tägig; G: gleichmäßig feucht halten; W: h 8–20 °C

D = Düngen; G = Gießen; W = Winter; h = hell; d = dunkel; ○ = Sonne; ◖ = Halbschatten; ● = Schatten

ebenso wie an den Strandpromenaden der Kanarischen Inseln oder den Hotel-Anlagen in aller Welt. Dabei sind nicht alle Palmen auf warme Klimaregionen angewiesen. Die Hanfpalme (*Trachycarpus fortunei*) zum Beispiel bringt aus ihrer Heimat, dem Himalaya, eine gute Portion Kältetoleranz mit (–15 °C), wie zahlreiche ausgepflanzte, aber im Winter eingepackte Exemplare in Deutschland beweisen. In klimatisch begünstigten Regionen Deutschlands wie dem Rheintal kann man es also durchaus wagen, diese Palmen im Freien zu überwintern.

Sukkulente Pflanzen

Ruft man sich die Landschaftsbilder der Kanarischen Inseln ins Gedächtnis, fallen einem sofort die überall gegenwärtigen, verwilderten Agaven (*Agave americana*) ein. Auch die ausladenden Hecken der Feigenkakteen (*Opuntia*) bleiben einem gut in Erinnerung, zumal ihre orangefarbenen Früchte erfrischend lecker schmecken, sobald man sie von ihrer stacheligen Schale befreit hat. Sie legen den Grundstein für eine Balkon- und Terrassengestaltung, in denen bewehrte Gesellen aus Mittelamerika und Afrika die Hauptrolle spielen. Allerdings braucht man für ein Sukkulenten-Arrangement reichlich Platz auf einem vollsonnigen Balkon, der die Pflanzen erst so richtig in Blütenstimmung bringt. Denn zwischen den stacheligen Exemplaren muss genügend Freiraum bleiben,

um sich ohne Blessuren bewegen zu können.

Buntblättrige Pflanzen

„Panaschiert" nennt der Fachmann Blätter, die neben dem klassischen Grünton gelbe, weiße, rosafarbene oder rote Farbmuster aufweisen. Buntlaubige Pflanzen brauchen zwar in der Regel mehr Sonne als ihre grünlaubigen Verwandten. Dafür sorgen sie jedoch auch dann für bunte Farbtupfer auf Balkon und Terrasse, wenn gerade Blütenflaute herrscht. Setzen Sie buntlaubige Arten jedoch nur zurückhaltend ein, denn in Gruppen wirken sie oft zu dominant.

Blühende Wände: Den Sommer ungestört genießen

Der schönste Mittelmeerbalkon lässt keine Gemütlichkeit aufkommen, wenn das Terrain von allen Seiten einsehbar ist. Hat man das Gefühl, die Nachbarn verfolgen jede Bewegung, ist es mit der Lust am Sonnenbaden rasch vorbei. Ein Sichtschutz muss her, der jedoch nicht kahl und abweisend wirken sollte, sondern ebenso fröhlich und ungezwungen wie die übrige Gestaltung. Sichtschutz-Elemente aus Holz oder Metall sollten deshalb sogleich mit einem Mantel grünender und blühender Kletterpflanzen bekleidet werden.

Die Sonne lässt die Hochblätter der Drillingsblumen in kräftigen Farben erglühen. Sie verkörpern wie Oleander den Charme des sonnigen Südens.

Bei der Pflanzenauswahl ist zum einen der Standort entscheidend. Wo zuvor noch die Sonne ungehindert hinreichen konnte, ist es hinter einer Kletterwand oft deutlich lichtärmer. Zum anderen bilden Kletterpflanzen mit ihren Trieben und Blüten meist den Hintergrund in Pflanzenarrangements und sollten von der Blütenfarbe her auf die übrigen Pflanzen abgestimmt sein.

Bei nicht selbst kletternden Arten werden die Triebe immer wieder an die Kletterhilfen herangeleitet und mit Kunststoff ummanteltem Draht fixiert, bis sie von selbst Halt haben.

Bei Arten, die an den Triebenden blühen, ist ein regelmäßiger Rückschnitt ratsam, damit man die Blüten dauerhaft in Augenhöhe genießen kann. Da viele Kletterpflanzen sehr starkwüchsig sind, sollten Sie ihnen von Anfang an geräumige Pflanzgefäße bieten, in denen sie sich nach Herzenslust ausbreiten können. Praktisch sind Pflanzgefäße mit integrierten Kletter-Elementen, die man im Herbst gemeinsam mit den Pflanzen ins Winterquartier bringt. So entfällt das mühevolle Ablösen der Triebe von fest installierten Rankhilfen.

Von links nach rechts: Mit seinen violettblauen Blütengesichtern schaut uns das Nachtschattengewächs Solanum wendlandii von seinem Klettergerüst aus direkt in die Augen.

An einem geschützten, nicht vollsonnigen Platz auf Balkon und Terrasse öffnet die Dipladenie ihre rosafarbenen Trichterblüten ohne Unterlass.

Der Trompetenwein schmückt seine kletternden, immergrünen Triebe in den Spätsommermonaten mit zart rosafarbenen Trichterblüten.

Der Korallenwein ist mit seinen schiffchenförmigen Blüten etwas ganz Besonderes unter den Kletterpflanzen.

Kletterpflanzen für Balkon und Terrasse

Drillingsblume (Bougainvillea-Hybriden)

Wenn man sich einmal den komplizierten Namen dieser Pflanzen eingeprägt hat, die nach ihrem Entdecker LOUIS-ANTOINE COMTE DE BOUGAINVILLE benannt sind, lässt einen die Leuchtkraft der Hochblätter nicht mehr los, in deren Mitte sich die unscheinbaren, cremeweißen Blüten befinden. Das Angebot reicht von Drillingsblumen mit roten, gelben, weißen, orange- und rosafarbenen Hochblättern bis hin zu gefüllten Formen.

Pflege im Sommer: Damit die Farbwirkung so intensiv ist, wie man es aus den Mittelmeerländern kennt, sind vor allem drei Dinge wichtig: Sonne, Sonne und nochmals Sonne. Schneidet man den Neuzuwachs der Triebe mit dem Verbleichen der

Sichtschutz mit Kletterpflanzen in Pflanzgefäßen

Name	Standort	Blüten-dauer	Blüte-zeitraum	Blüten-farbe	Bemerkungen	Pflegetipps
Blauglöckchen *Sollya heterophylla*	○	2–3 Monate	V–IX	blau	zarte Blütenglöckchen in großer Zahl	D: wöchentlich; G: gleich-mäßig feucht halten, keine Staunässe; W: h/d 5–12 °C
Drillingsblume *Bougainvillea*-Hybriden	○	mehr-mals 3–4 Wochen	V–IX	divers	starre Triebe; bewehrt; regelmäßiger Rück-schnitt empfehlens-wert	D: 14-tägig; G: in größeren Abständen reichlich gießen; W: h 12–20 °C
Goldkelchwein *Solandra maxima*	○	3–4 Wochen	VIII–IX	gelb	bis zu 20 cm lange Blüten	D: 14-tägig; G: gleich-mäßig feucht halten; W: h 8–15 °C
Himmelsblume *Thunbergia grandiflora*	○–◐	2–3 Monate	V–X	blau	sehr große, himmel-blaue Blüten; anspruchsvoll	D: wöchentlich; G: gleich-mäßig feucht halten; W: h 8–15 °C
Echter Jasmin *Jasminum officinale*	○	3–4 Wochen	V–IX	weiß	sehr intensiver Blüten-duft	D: wöchentlich; G: gleich-mäßig feucht halten; W: h 5–12 °C
Kapgeißblatt *Tecomaria capensis*	○	3–4 Wochen	VII–XI	orange-rot	wächst buschig bis kletternd	D: wöchentlich; G: gleich-mäßig feucht halten, verbraucht viel Wasser; W: h 5–12 °C
Korallenwein *Kennedia coccinea*	○	3–4 Monate	VI–XI	rot	starkwüchsig	D: wöchentlich; G: gleich-mäßig feucht halten, keine Staunässe; W: h 5–12 °C
Mandeville *Mandevilla* × 'Alice du Pont'	○	3–4 Monate	VI–IX	rosa	bis zu 15 cm lange Blüten; starkwüchsig; ähnliche Art: *Dipladenia sanderi*	D: wöchentlich; G: gleich-mäßig feucht halten; W: h 8–15 °C
Passionsblumen-Arten *Passiflora* spec.	○	Einzel-blüten	VI–IX	divers	exotische Blütenarchi-tektur; essbare Früchte bei vielen Arten	D: 14-tägig; G: gleich-mäßig feucht halten; W: h 5–12 °C
Sternjasmin *Trachelospermum jasminoides*	○–◐	4–6 Wochen	VI–VII	weiß	zarter Blütenduft; immergrün	D: 14-tägig; G: gleich-mäßig feucht halten, verträgt Trockenheit; W: h 5–12 °C
Trompetenblume *Campsis radicans*	○	3–4 Wochen	VI–VII	orange-rot	vertragen Frost; stark-wüchsig	D: wöchentlich; G: gleich-mäßig feucht halten, verbraucht viel Wasser; W: h 5–12 °C
Trompetenwein *Podranea ricasoliana*	○	4–6 Wochen	VII–X	rosa	starre Triebe; stark-wüchsig	D: wöchentlich; G: gleich-mäßig feucht halten; W: h 5–12 °C
Wein *Vitis vinifera*	○	3–4 Wochen	IV–VI	gelb	leckere Beeren in Trauben; große Sorten-auswahl	D: wöchentlich; G: gleich-mäßig feucht halten; W: h bis zu –10 °C

D = Düngen; G = Gießen; W = Winter; h = hell; d = dunkel; ○ = Sonne; ◐ = Halbschatten; ● = Schatten

Hochblätter jedes Mal um die Hälfte zurück, erzielt man zwei bis drei Blütenschübe pro Sommer. **Pflege im Winter:** Die Pflanzen werfen zwar einen Großteil ihrer Blätter ab, bevorzugen aber dennoch einen hellen Standort. Sie dürfen nur sehr dosiert gießen: Staunässe ist tödlich für die empfindlichen Wurzeln. **Verwendung:** Vor einer weißen Hauswand leuchten die Hochblätter besonders intensiv.

Echter Jasmin (Jasminum officinalis) und Sternjasmin (Trachelospermum jasminoides)

Der Duft eines einzelnen Jasmins hüllt Ihren Sitzplatz in eine Duftwolke, die selbst den Großstadt-Geruch vertreibt. Der Sternjasmin wartet während der etwa sechswöchigen Blütezeit mit einer ebenso süßen,

aber dezenteren Note auf. Bei beiden stehen die radförmigen, weißen Blüten in hübschem Kontrast zum dunkelgrünen Laub. **Pflege im Sommer:** Während dem Echten Jasmin ein vollsonniger Platz sowie viel Wasser und Nährstoffe gebühren, bevorzugt der immergrüne Sternjasmin halbschattige Lagen, an denen der tägliche Wasserverbrauch geringer ist. **Pflege im Winter:** Beide schätzen einen hellen Überwinterungsplatz, um ihr Laub behalten zu können. **Verwendung:** An einem Eisen-Obelisk oder einer selbst gebauten Weidenpyramide werden die Pflanzen zu imposanten Dufttürmen.

Exotisches aus Zwiebel und Knolle

Mit Zwiebel- und Knollenpflanzen allein lässt sich eine mediterrane Oase zwar kaum gestalten, denn dazu ist ihre Blütezeit zu kurz und auch der Blattschmuck nicht von ausreichender Dauer. Doch als Begleiter sind sie für alle diejenigen Pflanzenfans unverzichtbar, die das Außergewöhnliche lieben. Es ist jedes Jahr aufs Neue faszinierend, welch wunderschöne Blütenarchitekturen den braunen, unspektakulären Zwiebeln,

Die Hakenlilie sorgt im Hochsommer für zusätzliche Akzente im mediterranen Kübelgarten.

Oben links: Oft erst im September läuft die Guernsey-Lilie mit ihren pink- bis rosafarbenen Blüten zur Hochform auf.
Oben rechts: Kronen gleich ziert die Ruhmeskrone Rundbögen und Rankgitter.
Rechts: Noch vor den Blättern tanzt die Jakobslilie ihren bizarren Blütentanz.

Knollen und Rhizomen entspringen. Sie dienen den Pflanzen als Energiespeicher, den sie jeden Sommer neu auffüllen, bevor sie sich im Herbst zurückziehen, um dann im Frühjahr wie aus der Versenkung plötzlich wieder aufzutauchen. Guernsey-Lilie (*Nerine bowdenii*) und Echte Amaryllis (*Amaryllis belladonna*) blühen vor beziehungsweise nach der Laubentwicklung, so dass die Blüten einen Solotanz hinlegen können, der alle Blicke auf sich zieht.
In den Mittelmeerländern verschönern Milchsterne (*Ornithogalum*) und Tazette-Narzissen (*Narcissus tazetta*) den Frühlingswald, Große Affodelinen

(*Asphodeline lutea*) und Pankraz-Lilien (*Pancratium maritimum*) den Sommer sowie wilde Meerzwiebeln (*Urginea maritima*) oder Alpenveilchen (*Cyclamen hederifolium*) die Herbstmonate. Leider sind die allerwenigsten davon in gärtnerischer Kultur. Die Zwiebeln während einer Urlaubsreise hingegen auszugraben

Exotische Zwiebelblumen im Topf

Name	Stand-ort	Blüte	Blüte-zeitraum	Höhe	Überwinterung	Bemerkungen
Blutblume *Scadoxus multiflorus*	○	rot	VI–VIII	20–30 cm	dunkel, leicht feucht, 10–15 °C	Blüten erinnern an riesige Wunderkerzen
Echte Amaryllis *Amaryllis belladonna*	○	rosa	VIII	30–50 cm	dunkel; leicht feucht; 5–10 °C	zarter Blütenduft; Blüte erscheint, wenn Blätter bereits wieder einge-zogen sind
Goldglöckchen *Sandersonia aurantiaca*	○	orange	VI–VIII	80–100 cm	dunkel, leicht feucht, 10–15 °C	Kletterpflanze; Rank-hilfe erforderlich
Guernsey-Lilie *Nerine bowdenii*	○	rosa	IX–X	40–60 cm	dunkel; leicht feucht; 5–10 °C	wertvoll durch späte Blüte
Hakenlilie *Crinum × powellii*	○–◐	weiß, rosa	VI–VIII	80–100 cm	dunkel; trocken; 5–10 °C	lange Blütezeit, da sich Blüten nacheinander öffnen
Indisches Blumenrohr *Canna indica*	○	divers	VI–X	50–150 cm	dunkel; trocken; frost-frei	niedrige Sorten bevor-zugen; bananenähnli-cher Blattschmuck
Goldene Inkalilie *Alstroemeria aurea*	○–◐	divers	VI–VIII	60–100 cm	dunkel; leicht feucht; 5–10 °C	wunderschöne Blüten-zeichnung; gute Schnittblume
Jakobslilie *Sprekelia formosissima*	○	rot	VI–VII	30–40 cm	dunkel, trocken, 5–10 °C	Blüten erscheinen noch vor den Blättern
Ruhmeskrone *Gloriosa superba*	○	gelb-rot	VI–VIII	80–100 cm	dunkel, leicht feucht, 15 °C	Kletterpflanze; Blatt-spitzen formen sich zu Ranken; bizarre Blüten-architektur
Schopflilie *Eucomis bicolor*	○–◐	grünlich-weiß	VII–VIII	30–50 cm	dunkel; trocken; 5–10 °C	Blüten riechen streng; der Blattschopf lässt die Blüten wie Gesichter wirken
Tigerblume *Tigridia pavonia*	○	rot, orange, gelb, rosa, violett	VII–IX	40–60 cm	dunkel, trocken, 5–10 °C	wunderschöne Blüten-zeichnung; gute Schnittblume

○ = Sonne; ◐ = Halbschatten; ● = Schatten

und mit nach Hause zu nehmen, ist unter Androhung hoher Strafen ge-setzlich verboten, da viele von ihnen unter Naturschutz stehen. Statt dessen setzt man auf ebenso attraktive Arten, die von Menschenhand gezüchtet werden. Sie kommen nicht nur aus dem Mittelraum, sondern aus aller Herren Länder – aus Afrika wie die Ruhmeskrone (*Gloriosa*), die Schopf-lilie (*Eucomis*) oder die Blutblume (*Scadoxus*), aber auch aus Mittel-amerika wie die Jakobslilie (*Sprekelia*) oder die Tigerblume (*Tigridia*).

Da die meisten exotischen Zwiebel-blumen nicht frosthart sind, topft man sie im März oder April in frische Erde und zieht sie im Haus an einem hellen, aber noch kühlen Platz bei 10 bis 15 °C vor. Erst Mitte Mai – nach den Eisheiligen – beziehen sie ihren Platz auf Balkon und Terrasse. Nach der meist hochsommerlichen Blüte werden die Blätter zum Herbst hin allmählich gelb und welk. Gießen Sie immer weniger, bis Sie die weitge-hend trockenen Zwiebeln einwintern können. Manche kommen während der kalten Jahreszeit ganz ohne Feuchtigkeit aus, andere schlägt man in feuchtem Sand ein. Bei den meis-ten empfiehlt es sich, die alte Erde schon im Herbst zu entfernen, denn sie wird im Frühjahr ohnehin durch neue ersetzt. So kann sie über die Wintermonate nicht zum Keimherd für Pilze und andere Erkrankungen werden. Das Winterquartier sollte dunkel, leicht feucht und frostfrei bis temperiert sein (siehe nebenstehende Tabelle).

Mediterranes Flair auch ohne Winter-quartier

Nicht jeder verfügt über ein geeigne-tes Winterquartier für mediterrane Pflanzen. Das heißt jedoch noch lange nicht, auf den Zauber des Sü-dens verzichten zu müssen. Sie kön-

Obwohl an Zier-Mandelbäumchen keine Mandeln heranreifen, recht-fertigt die üppige Frühjahrsblüte seine hohe Beliebtheit als Kübelpflanze.

nen sich ganz einfach eines Tricks bedienen: Verwenden Sie winterharte Gehölze, die mediterrane Arten imi-tieren, dabei aber mit einem Leben im Topf bestens zurecht kommen. Der Raketen-Wacholder (*Juniperus virginiana* 'Skyrocket') beispielsweise wächst beinahe ebenso schlank wie die Echte Zypresse (*Cupressus sem-pervirens*). Der Kirschlorbeer (*Prunus laurocerasus*) ist mit seinem großen, glänzend-dunkelgrünen Laub und der hohen Schnittverträglichkeit ein geeigneter Ersatz für Lorbeer- (*Lau-rus*) oder Klebsamen-Arten (*Pittospo-rum*). Weiden (*Salix arenaria, S. ci-nerea, S. eleagnos*) oder Sanddorn (*Hippophae rhamnoides*) erinnern mit ihren graufilzigen Blättern an das helle Laub der Oliven. Die Blüten der Lieblichen Weigelie (*Weigelia florida*)

Als Alternative zum tropischen Rosen-Eibisch kann der Garten-Eibisch mit seinen blauvioletten, rosafarbenen oder weißen Blüten auch im Winter draußen bleiben.

sehen den rosafarbenen Spielarten des Oleanders ähnlich. Selbst auf den Duft des Echten Jasmins (*Jasminum officinale*) müssen Sie nicht ganz verzichten, wenn Sie den Gartenjasmin (*Philadelphus coronarius*) im Kübel halten. Sogar der Wunsch nach Zitrusfrüchten lässt sich erfüllen, wenn man die Dreiblättrige Orange (*Poncirus trifoliata*) wählt, die auch im Topf einige Minusgrade aushält. Doch auch für denjenigen, der seinen Kübelpflanzen einen Platz im Haus oder im Wintergarten bieten kann, sind winterharte Kübelpflanzen von Interesse. Denn wer ausschließlich frostempfindliche Kübelpflanzen kultiviert, schaut im Winter auf einen kahlen Balkon. Statt dessen sorgen immergrüne Laubgehölze oder Koni-

feren auch in der kalten Jahreszeit für Grün, das sich überdies mit Lichterketten und Glaskugeln hübsch weihnachtlich dekorieren lässt.

Winterharte Gehölze für Balkon und Terrasse

Rhododendron
Zu den Immergrünen, die sich dauerhaft im Topf wohl fühlen, zählen kleinwüchsige *Rhododendron*, wie die Sorten von *R. repens* und *R. yakushimanum*. Da die Frühlingsblüher saure Bodenbedingungen wünschen, wird dem Substrat Rhododendronerde beigemischt und regelmäßig mit Rhododendrondünger gedüngt. Kalkarmes Gießwasser ist selbstverständlich – und das auch im Winter während frostfreier Perioden, damit die Pflanzen nicht unter Frosttrocknis leiden.

Rosen
Rosen erfreuen sich überall auf der Welt großer Beliebtheit. Da machen auch die mediterranen Länder keine Ausnahme. Da hier jedoch in der sommerlichen Trockenzeit die Rosenkultur sehr schwierig ist, sind prächtige Rosen der ganze Stolz vieler Südländer. Da haben wir Nordeuropäer es schon einfacher. Vor allem Zwerg-Rosen eignen sich hervorragend für die Topfkultur, da sie nicht so üppig wachsen. Hochstammrosen sind besonders edle Kübelgäste, die im Winter frostfrei überwintert werden oder

mit einem dicken Mantel vor Wurzel-
kälte geschützt werden. Kletterrosen
sind ebenfalls dankbare Kübelgäste,
die wie alle Rosen tiefe Gefäße für
ihre langen Wurzeln lieben. So müssen Sie auch auf Balkon und Terrasse
nicht auf einen Rosenbogen oder eine
rosenduftende Pergola verzichten.

*In tiefen und großen Töpfen fühlen
sich Bodendecker-, Kletter- und Hochstammrosen viele Jahre wohl.*

Winterharte Kübelpflanzen für Balkon & Terrasse

Sommergrüne Gehölze:
Berberitze (*Berberis thunbergii*)
Eibisch (*Hibiscus syriacus*)
Fächer-Ahorn (*Acer palmatum* in Sorten)
Kupfer-Felsenbirne (*Amelanchier ovalis*)
Fingerstrauch (*Potentilla fruticosa*)
Forsythie (*Forsythia × intermedia*)
Gartenjasmin (*Philadelphus*-Hybriden)
Ginkgo (*Ginkgo biloba*)
Ginster (*Cytisus praecox*)
Herbst-Flieder (*Syringa microphylla*)
Hortensie (*Hydrangea macrophylla* in
    Sorten)
Maiblumenstrauch (*Deutzia gracilis*)
Perückenstrauch (*Cotinus coggygria/
    C. coggygria* 'Royal Purple')
Scheinquitte (*Chaenomeles × superba*)
Schmalblättriger Sommerflieder (*Buddleja
    alternifolia*)
Spierstrauch (*Spirea × bumalda*)
Stern-Magnolie (*Magnolia stellata*)
Weigelie (*Weigelia florida*)
Zier-Mandel (*Prunus triloba*)
Zwerg-Rosen (zwergwüchsige *Rosa*-
    Sorten)

Kletterpflanzen:
Jelängerjelieber (*Lonicera caprifolium*)
Kletter-Hortensie (*Hydrangea petiolaris*)
Kletterrosen (Sorten der weichtriebigen
    Climber-Rosen)
Waldreben (*Clematis*-Arten und -Sorten)
Wein (*Vitis vinifera*)

Immergrüne Gehölze:
Buchs (*Buxus sempervirens*)
Eibe (*Taxus baccata*)
Immergrünes Geißblatt (*Lonicera henryi*)
Feuerdorn (*Pyracantha coccinea*)
Kirschlorbeer (*Prunus laurocerasus*)
Lebensbaum (*Thuja occidentalis/T.
    orientalis*)
Mahonie (*Mahonia aquifolium*)
Raketen-Wacholder (*Juniperus virginiana*
    'Skyrocket')
Rhododendron (Sorten von *Rhododendron
    repens, R. yakushimanum*)
Schattenglöckchen (*Pieris japonica*)
Scheinzypresse (*Chamaecyparis lawsoniana*)
Winterjasmin (*Jasminum nudiflorum*)

PFLEGE KURZ UND BÜNDIG

Damit sich Ihre Pflanzen optimal entwickeln und den ihnen zugedachten Platz einnehmen können, ist eine gute und konstante Pflege wichtig – angefangen vom richtigen Gießwasser und Dünger, über die richtigen Schnitttechniken und -zeitpunkte bis hin zum frühzeitigen Pflanzenschutz. Damit die Südländer die Winterruhe unbeschadet überstehen, müssen Sie die richtigen Bedingungen während der kalten Jahreszeit schaffen. Und wenn Sie noch nicht genug von Ihren Kübelpflanzen haben: Hier bekommen Sie Tipps für erfolgreiches und einfaches Vermehren. In dieser Übersicht erfahren Sie alles Wichtige, damit Ihre Kübelpflanzen Ihrer Terrasse oder Ihrem Balkon über viele Jahre ein mediterranes Flair verleihen.

Düngen

Erst mit dem frischen Austrieb im Frühjahr steigt der Nährstoffbedarf Ihrer Kübelpflanzen. Während der kalten Monate von Anfang September bis Anfang März wird nicht gedüngt (Ausnahme: warme Überwinterung im Wintergarten). Frisch umgetopfte Pflanzen brauchen die ersten drei bis vier Wochen keinen Zusatzdünger, da der Vorrat im Substrat ausreicht.
Versorgen Sie Ihre Pflanzen im März oder April einmalig mit Langzeitdüngern, die in Form von Pellets, Stäbchen oder Kegeln erhältlich sind, müssen Sie nicht nachdüngen. Achten Sie auf die angegebene Wirkungsdauer. Langzeitdünger brauchen mehrere Wochen, um wirksam zu werden und sind zum Ausgleich von Mangelerscheinungen während des Sommers nicht geeignet.
Wer keinen Langzeitdünger verwendet, gibt ab April, spätestens ab Mai ein Mal pro Woche Sofortdünger mit ins Gießwasser, entweder flüssig oder in Pulverform (Dosierung nach Packungsangabe). Gut beraten ist man mit einem hochwertigen Balkon- und Kübelpflanzendünger. Achten Sie auf eine hohe Nährstoffkonzentration. Volldünger aus dem Garten wie Blaukorn haben in Pflanzgefäßen nichts zu suchen, da sie leicht zu Versalzung und Wurzelschäden führen. Für einige Pflanzengruppen wie Zitrusgewächse oder Palmen gibt es Spezialdünger. Düngen Sie nur auf feuchte Wurzelballen.

Gießen

Die wenigsten Kübelpflanzen vertrocknen, die meisten ertrinken! Die Regel lautet deshalb: Erst gießen, wenn die Erde leicht abgetrocknet ist, dann aber reichlich! Gießhäufigkeit und -menge hängen vom Substrat, der Topfgröße und der Witterung ab. Generelle Angaben beim Gießen sind daher nicht möglich. Durch Beobachtung finden Sie rasch das rechte Maß. Leeren Sie voll gelaufene Übertöpfe und Untersetzer bald aus. Gießen Sie vorzugsweise in den Morgen- und Abendstunden: Dann sind die Wurzeln noch nicht aufgeheizt und es gibt auch die geringsten Verdunstungsverluste. Da viele mediterrane Arten kalkscheu sind, ausschließlich abgestandenes Regenwasser verwenden.

Gesunde Pflanzen

Schädlinge "liegen einfach in der Luft" und können aus dem Garten auf Ihre Kübelpflanzen überwechseln. Wichtig ist, dass man sie früh erkennt, bevor das Pflanzengewebe so geschädigt ist, dass die gesprenkelten oder fahlgelben Blätter abfallen.

Häufig hilft es schon, große Schädlinge wie Käfer, Schnecken oder Raupen abzusammeln oder mit Blattläusen befallene Triebspitzen abzuschneiden. Schild-, Woll- und Schmierläuse kann man mit einem Lappen abwischen oder mit einem rauen Pinsel abkratzen. Ein wirksames Hausmittel gegen viele Kübelpflanzenschädlinge ist die Spiritus-Schmierseifen-Lösung: Eine Messerspitze Schmierseife und eine Kappe Spiritus in einem Liter Wasser auflö-

sen und die Pflanzen benetzen. Weiße Fliegen und Thrips bleiben an leimbeschichteten Gelbtafeln hängen. Nur Spinnmilben müssen Sie sofort mit einem zugelassenen Pflanzenschutzmittel aus dem Fachhandel bekämpfen. Dabei alle Pflanzenteile benetzen (inklusive Zweige, Blattunterseiten, Stämme). Da Eigelege und versteckte Tiere nicht beim ersten Mal erfasst werden, die Behandlung wiederholen. Achtung: Ölhaltige Präparate nicht bei Sonnenschein anwenden, da sonst die Blätter verbrennen!

Der beste vorbeugende Pflanzenschutz: eine optimale Pflanzenpflege und -versorgung. Dazu gehört auch, kranke und abgefallene Blätter umgehend zu entfernen.

Umtopfen

Kübelpflanzen nicht jedes Frühjahr vor dem neuen Austrieb umtopfen, sondern erst, wenn die Erde stark durchwurzelt ist. Beim neuen Pflanzgefäß genügt es, wenn Sie auf einer Breite von 2 bis 4 cm rundherum frische Kübelpflanzenerde einfüllen können. Der Ballen sollte beim Austopfen nicht beschädigt werden. Stark verfilzte Ballen können Sie jedoch keilförmig einschneiden (siehe Zeichnung), um Platz für neue Wurzeln zu schaffen. Nach dem Umtopfen darf der Ballen nicht tiefer sitzen als zuvor, da sonst der Stammansatz zu faulen beginnt. Die Erde sollte für den Gießrand 2 bis 3 cm unterhalb der Topfkante enden. Gießen Sie die Töpfe nach dem Umpflanzen kräftig an.

Schneiden

Beim Schnitt von Kübelpflanzen ist die wichtigste Regel: Schneiden Sie regelmäßig, aber jedes Mal wenig. Man sollte immer nur den Neuzuwachs der Pflanzen einkürzen. Ein Rückschnitt ins mehrjährige Holz sollte nur im Ausnahmefall stattfinden. Bei starkwüchsigen Pflanzen daher nicht nur einmalig im Frühjahr vor dem Neuaustrieb schneiden, sondern weitere Kronenkorrekturen während der Sommermonate vornehmen. Dabei wird der Neuzuwachs jeweils um etwa die Hälfte eingekürzt. Die Schere dazu jeweils 2 bis 3 Millimeter leicht schräg oberhalb einer zum Kronen-Äußeren zeigenden Knospe oder eines Blatts ansetzen. Schauen Sie sich jeden einzelnen Trieb genau an und schneiden Sie nicht alle in gleicher Höhe ab.

Ziel aller Schnittmaßnahmen bei Kübelpflanzen ist es, die Kronenform zu wahren und auf einer annehmbaren Größe zu halten. Im März kürzt man kranke oder beschädigte Äste bis ins gesunde Gewebe ein. Allzu dichte Kronen werden ausgelichtet, indem man die dünnsten Zweige entfernt. Sie können ältere Pflanzen verjüngen, indem Sie einige der ältesten Triebe ganz herausnehmen.

Einen Rückschnitt im Herbst nur dann vornehmen, wenn Platzmangel im Winterquartier herrscht. Kalkulieren Sie ein, dass die Triebe über die Wintermonate Schaden nehmen können und im Frühjahr erneut gekürzt werden müssen.

Vermehren

Kübelpflanzen sind von Mai bis August am einfachsten durch Stecklinge zu vermehren. Dazu schneidet man einige 10 bis 15 cm lange, schädlings- und blütenfreie Triebspitzen ab. Bis auf zwei bis drei an der Spitze werden alle Blätter entfernt. Die Stiele senkrecht in vorgebohrte Löcher in erdgefüllte Töpfe oder Schalen stecken. Mindestens zwei der ehemaligen Blattansätze sollten in der Erde versenkt sein. Die Erde rundherum vorsichtig festdrücken, damit sich Hohlräume schließen und die Stecklinge Halt bekommen. Gut angießen und die Gefäße mit ihren Abdeckhauben an einen hellen, aber nicht besonnten Platz stellen. Zeigen sich frische Blättchen, topft man die Pflänzchen um.

Überwintern

Die Mehrzahl der mediterranen Kübelpflanzen muss man frostfrei überwintern. Holen Sie sie ins Haus, sobald die Temperaturen dauerhaft unter 5 °C sinken, je nach Region im Oktober oder November. Je länger die Freilandsaison dauert, umso robuster und schädlingsfreier bleiben Ihre Kübelpflanzen. Einige Arten vertragen sogar kurzzeitigen Frost. Der Ballen sollte jedoch nicht durchfrieren.

Als Winterquartier sind alle kühlen, sehr hellen Räume geeignet. Vor allem für immergrüne Arten ist eine hohe Lichteinstrahlung wichtig. Reicht sie nicht aus, werfen die Pflanzen Blätter ab. Das wirft sie in ihrer Entwicklung zurück. Sommergrüne Arten können dagegen halbdunkel stehen, wobei sie hier nur sehr wenig gegossen werden. Optimal sind Kleingewächshäuser oder Wintergärten, die mit Hilfe von Heizsystemen frostfrei gehalten werden. Aber auch Garagen, Kellerräume, selten beheizte Zimmer, Flure oder Dachböden sind geeignet. Die Mehrzahl mediterraner Kübelpflanzen können zwischen 5 und 10 bis 15 °C überwintern.

Achten Sie im Winterquartier auf Hygiene. Welkes Laub

sollte abgezupft, Schädlinge sofort erkannt und bekämpft werden. Lüften Sie an frostfreien Tagen, um Pilzkrankheiten vorzubeugen. Früh austreibende Pflanzen stellt man heller und wärmer, damit die Triebe nicht lang und fahl werden.

Frosttolerante Vertreter wie die Hanfpalme können Sie im Freien überwintern: Um den Topf herum einen „Mantel" aus Dämmmaterial bauen, mit Fichtenreisig abdecken und die oberirdischen Teile mit einer strohgefüllten Luftpolsterfolie vor Nässe schützen. Über ein Gestänge für Abstand sorgen, damit die Folie nicht die Blätter berührt und diese zu faulen beginnen.

91

Bezugsquellen für Mediterranes

Rudolf und Klara Baum
Scheffelrain 1
71229 Leonberg
Telefon 0 71 52/2 75 58
Fax 0 71 52/2 89 65
(Kübelpflanzen, v. a. Fuchsien, Hibiskus und Passionsblumen)

Country Garden
Nagolder Straße 23
72119 Ammerbuch
Telefon 0 70 73/23 72
Fax 0 70 73/72 26
www.country-garden.com
(Möbel, Töpfe, Accessoires)

Die Gartengalerie
Monika Tittlbach
Wössinger Straße 15
75045 Walzbachtal
Telefon 0 72 03/18 05
Fax 0 72 03/63 36
(Töpfe, Accessoires, auf Wunsch Zuschicken von Produkt-Abbildungen, gute Beratung)

flora toskana
Böfinger Weg 10
89075 Ulm
Telefon 07 31/9 26 70 95
Fax 07 31/9 26 71 08
www.flora-toskana.de
(Kübel- und Wintergartenpflanzen)

Garpa
Kiehnwiese 1
21039 Escheburg
Telefon 0 41 52/92 52 00
Fax 0 41 52/92 52 50
www.garpa.de
E-mail: info@garpa.de
(Möbel, vereinzelte Accessoires)

Gärtner Pötschke
41561 Kaarst
Telefon 0 21 31/79 33 33
Fax 0 21 31/79 34 44
www.gaertner-poetschke.de
(Möbel, Töpfe, Accessoires)

Kübel-Garten
Helga Mittmann
Eichenweg 21
48499 Salzbergen
Telefon 0 59 76/5 22
Fax 0 59 76/10 65
www.kuebelgarten.de

Laden im Torbogen
Haxthausen 8
85354 Freising
Telefon 0 81 65/99 71 60
Fax 0 81 65/88 91

Südflora Baumschulen
Peter Klock
Stutsmoor 42
22607 Hamburg
Telefon 0 40/89 16 39
Fax 0 40/60 10 88
(Zitruspflanzen für Einsteiger und Liebhaber, Obstgehölze)

Terracotta Speciale
T. Hellmer
Bebelstraße 20
44319 Dortmund
Telefon 02 31/27 98 81
Fax 02 31/5 89 90 03
mobil 01 71/4 15 05 68
(Töpfe)

Unopiu
Am Dornbusch 24–26
64390 Erzhausen
Telefon 0 61 50/97 53–0
Fax 0 61 50/99 09 83
(Italienische Firma mit Möbeln, Töpfen, Accessoires)

Verwendete Literatur

BARRON, P.: Der mediterrane Garten, nicolai Verlag 1999

CHEERS, G.: Botanica – Das Abc der Pflanzen, 3. Aufl., Könemann Verlag 1999

HOBHOUSE, P.: Gardens of Italy, Mitchell Beazley Verlag 1998

KAWOLLEK, W.: Kübelpflanzen, 2. Aufl., Ulmer Verlag 1997

KÖHLEIN, F.: Die Haus- und Kübelpflanzen, Ulmer Verlag 1997

LISTRI, M.: CUNACCIA C. M.: Italienische Gärten, Falken Verlag 1998

MAURIÈRES, A.: OSSART É.: Orientalische Gärten, Christian Verlag 2001

VERMEULEN, N.: Kübelpflanzen-Enzyklopädie, 4. Auflage, Karl Müller Verlag 2000

Bildquellen

Wolfgang Redeleit, Bienenbüttel: Seite 6, 7, 15 rechts, 68 links unten.

Hans Reinhard, Heiligkreuzsteinach: Seite 8, 9 oben, 10 links, 14 links, 30, 67, 68 links oben, 72, 87.

Flora-Press, Hamburg: Umschlagrückseite.

Friedrich Strauß, Au: Titelbild groß, Seite 2, 4/5, 9 unten, 14 rechts, 15 links, 16/17, 19, 22/23, 24, 32, 34, 54 (Ausschnitt von S. 34), 59, 60/61, 63 unten, 68 rechts oben und unten, 70/71, 76 unten, 79, 80 links oben.

Tanja Ratsch, Ulm: Titelbild (Einklinker) und alle übrigen Fotos.

Umschlagbilder der österreichischen Ausgabe: Friedrich Strauß, Au: Titelbild groß

Tanja Ratsch, Ulm: Titelbild (Freisteller)

Flora-Press, Hamburg: Umschlagrückseite.

Die Zeichnung Seite 21 stammt von Helmuth Flubacher, Waiblingen; entnommen aus dem Buch von W. Borchert „Pflanzenkompositionen", Verlag Eugen Ulmer (1998), Seite 75.

Die Gestaltungs-/Pflanzpläne auf den Seiten 18, 43, 48, 54 und 57 wurden von der Verfasserin angefertigt.

Die Zeichnungen auf den Seiten 89, 90 und 91 fertigte Kerstin Heß, Stuttgart, nach Vorgaben der Verfasserin an.

Die Deutsche Bibliothek – CIP-Einheitsaufnahme

Ein Titeldatensatz für diese Publikation ist bei Der Deutschen Bibliothek erhältlich
ISBN für Deutschland: 3–8001–3811–5
ISBN für Österreich: 3-7040-1885-6

© 2002 Eugen Ulmer GmbH & Co.
Wollgrasweg 41, 70559 Stuttgart (Hohenheim)
Internet: www.ulmer.de
Email: info@ulmer.de
Printed in Germany
Lektorat: Karin Wachsmuth
Druck und Bindung: aprinta, Wemding

Register